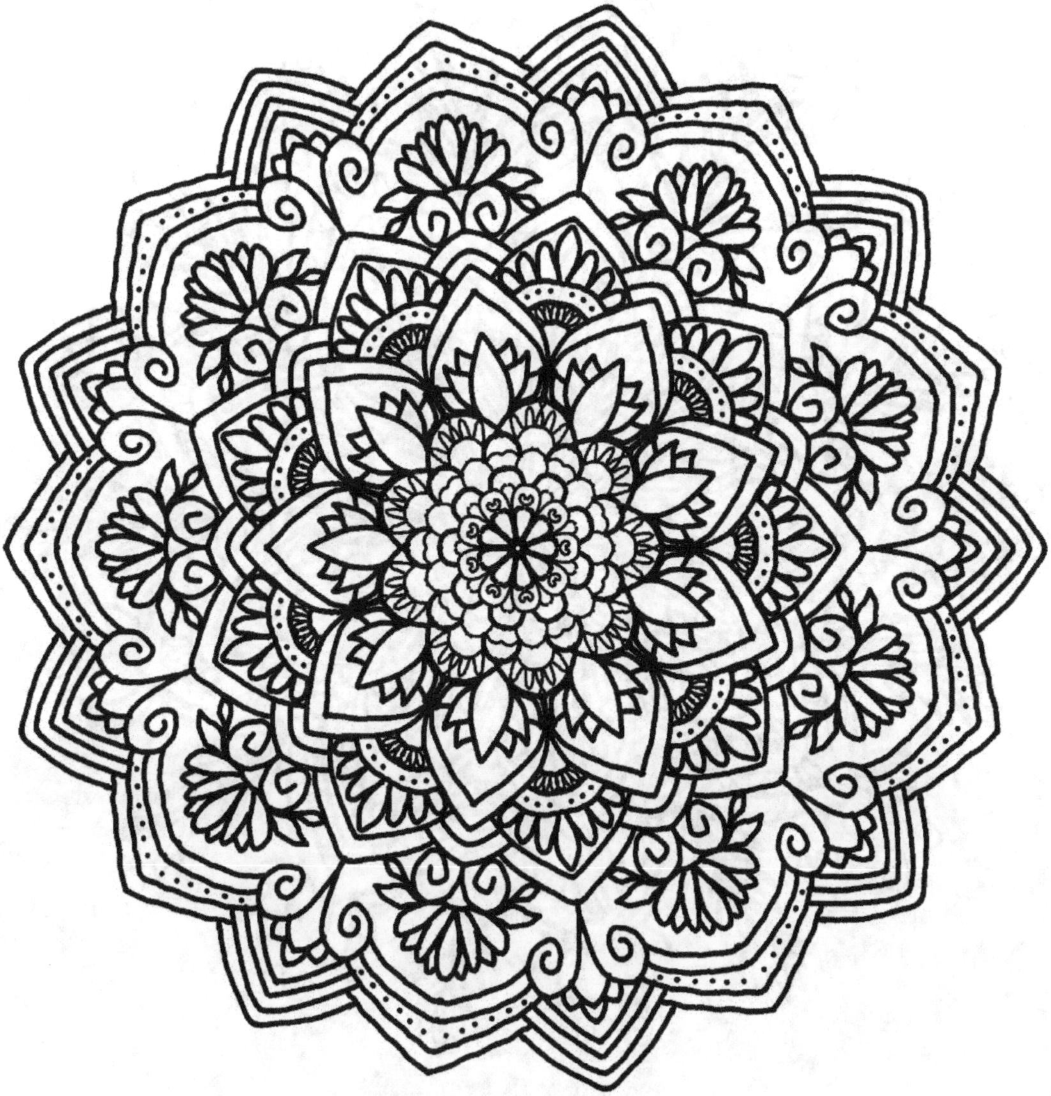

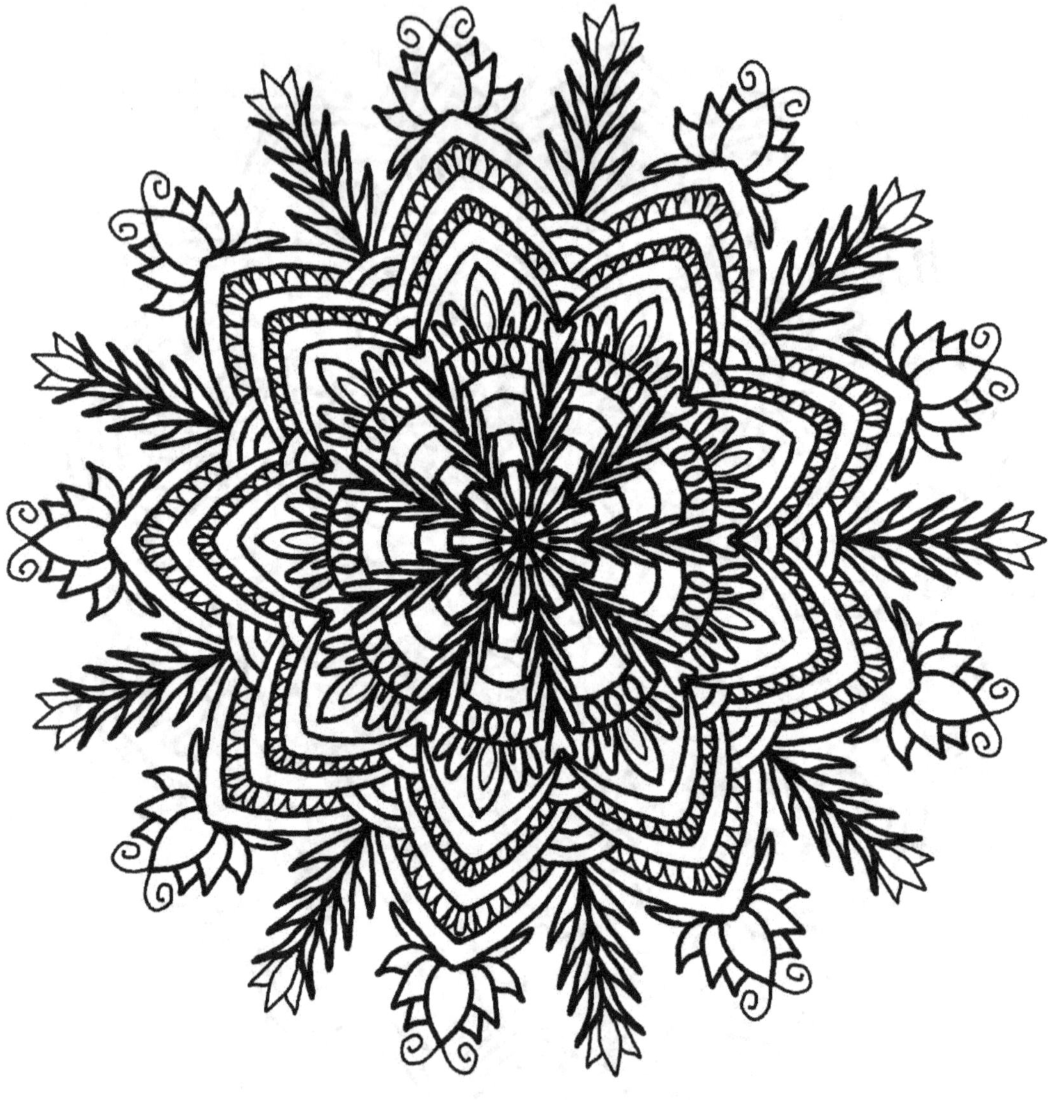

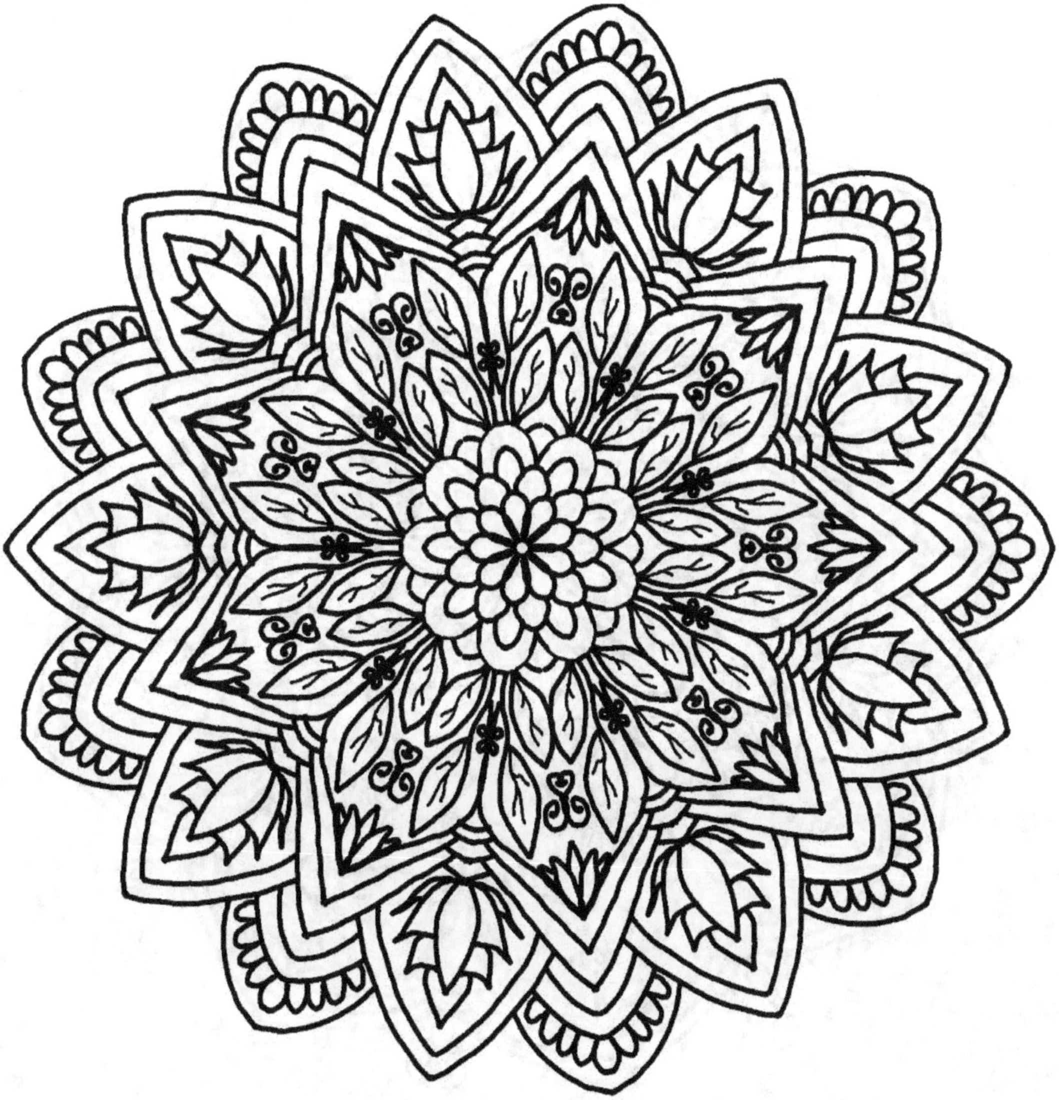

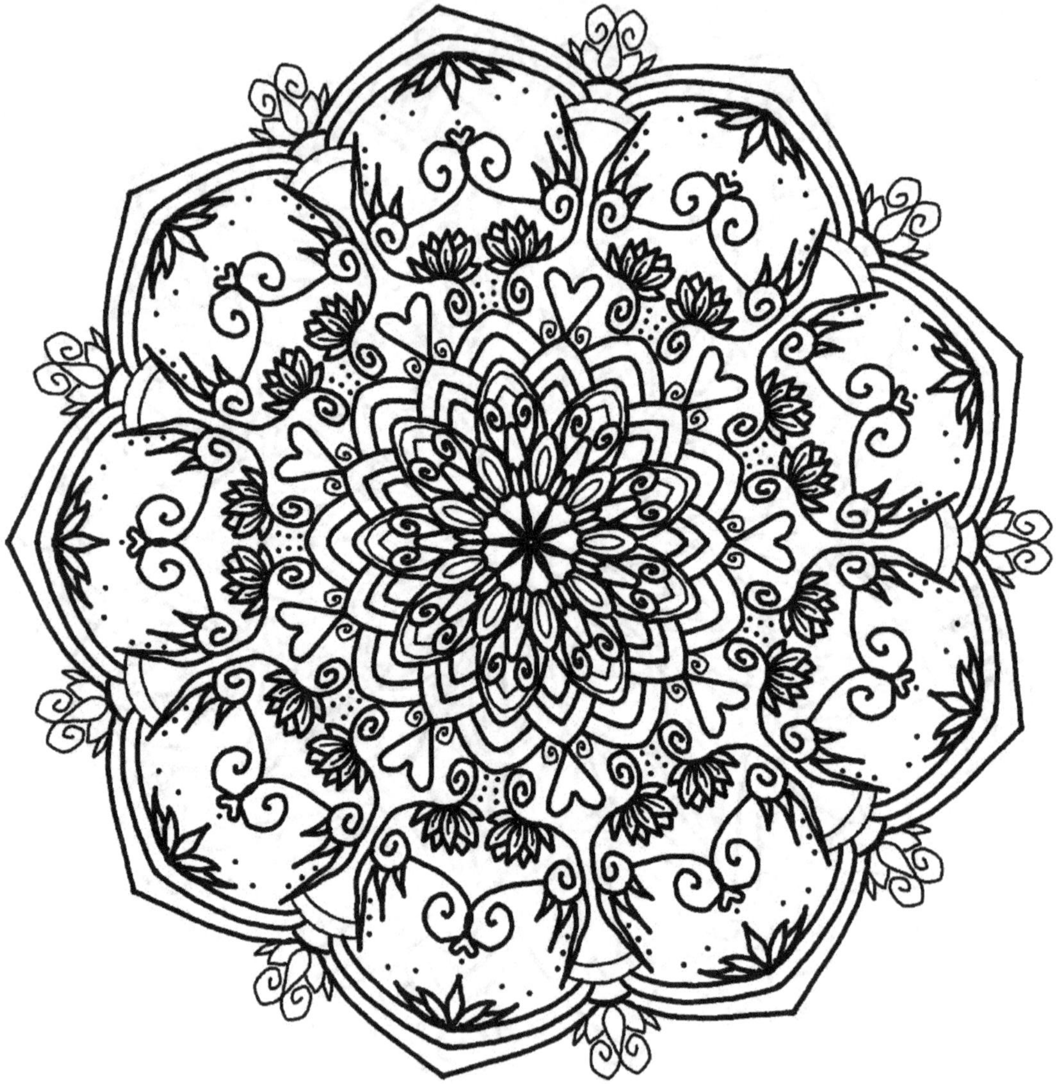

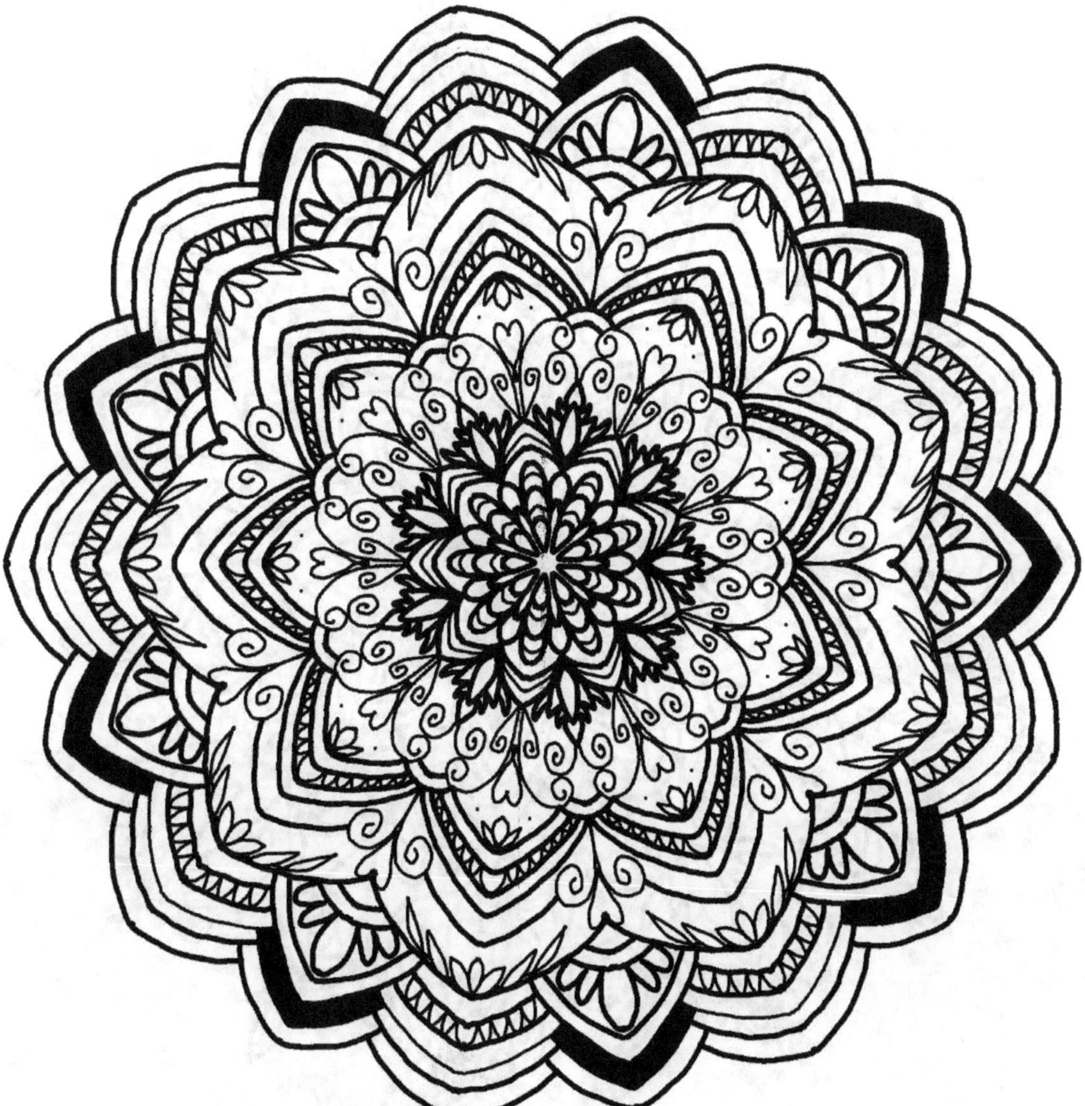

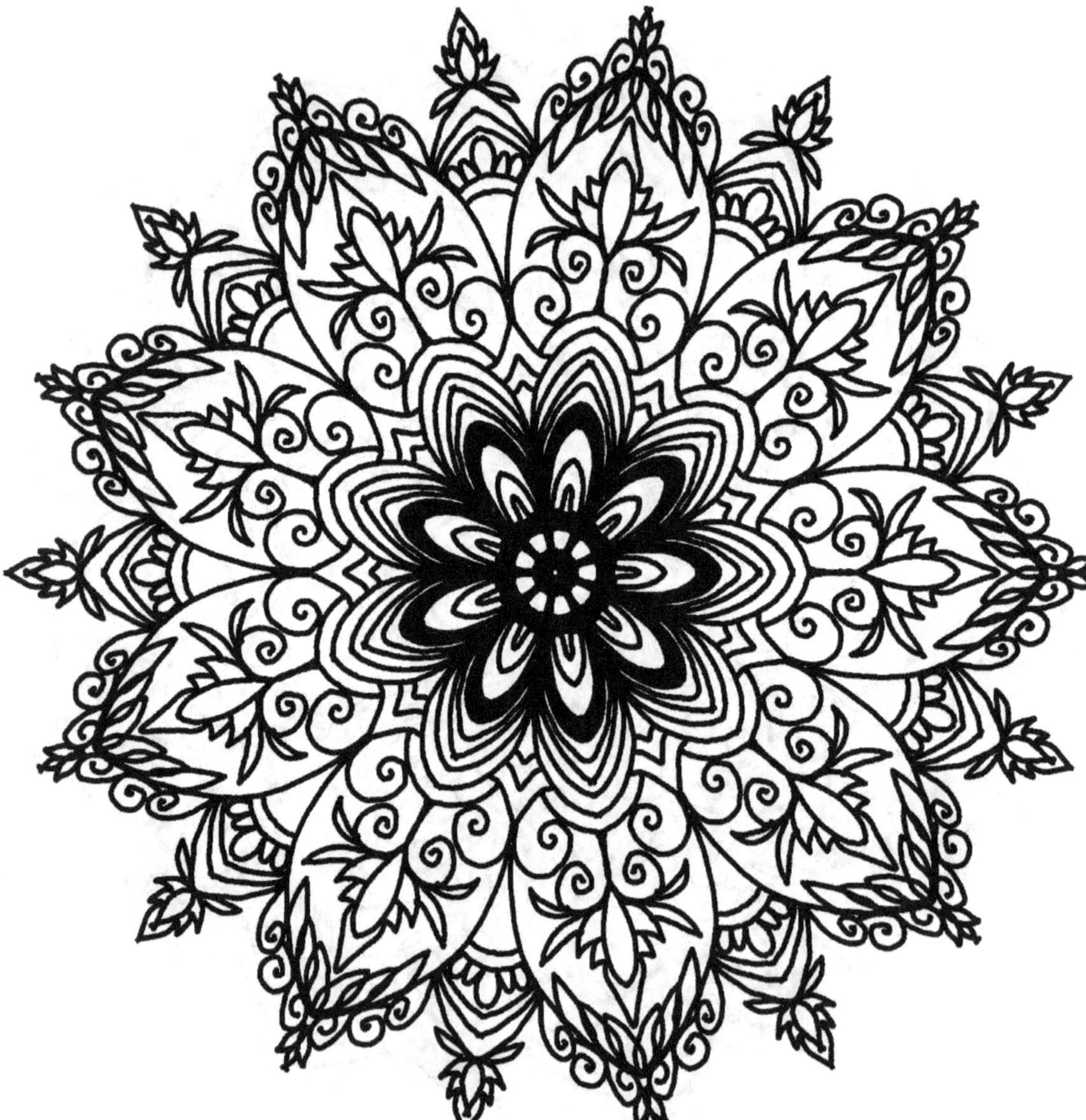

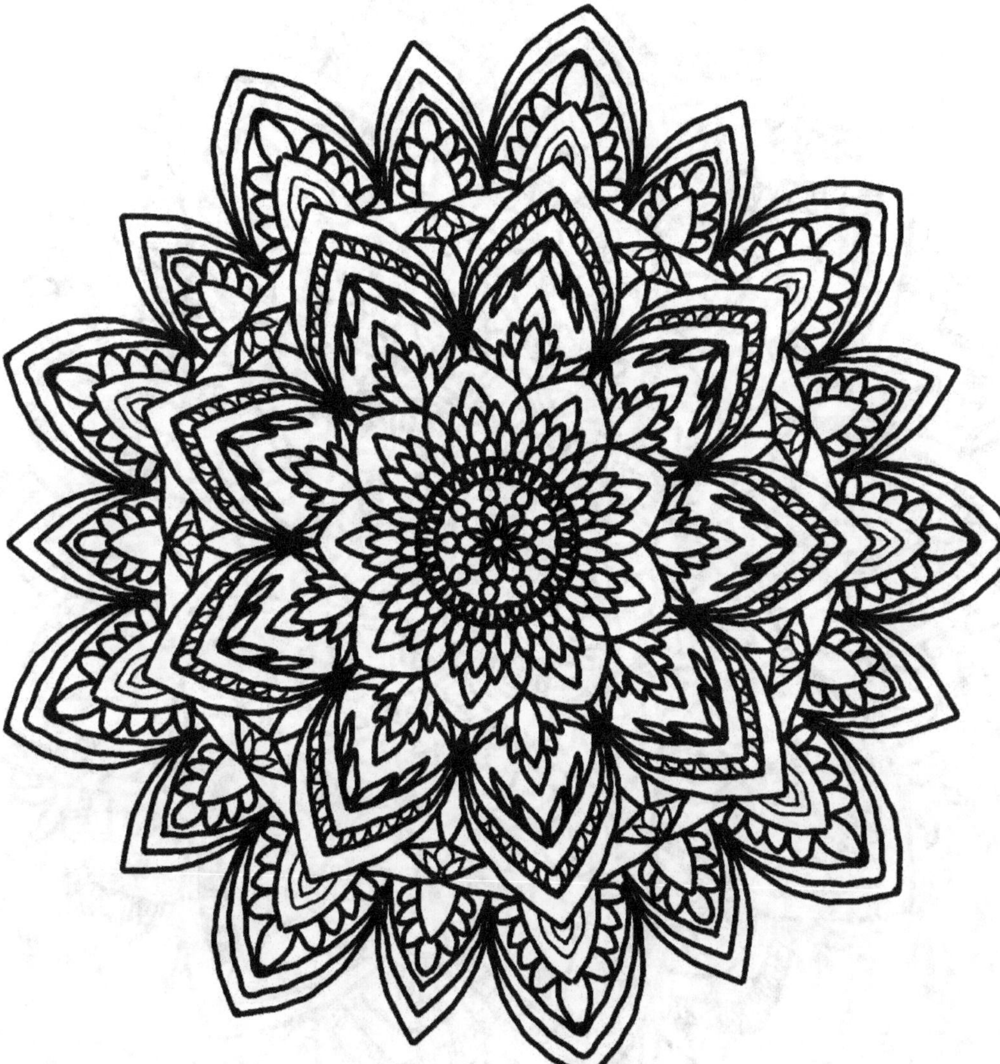

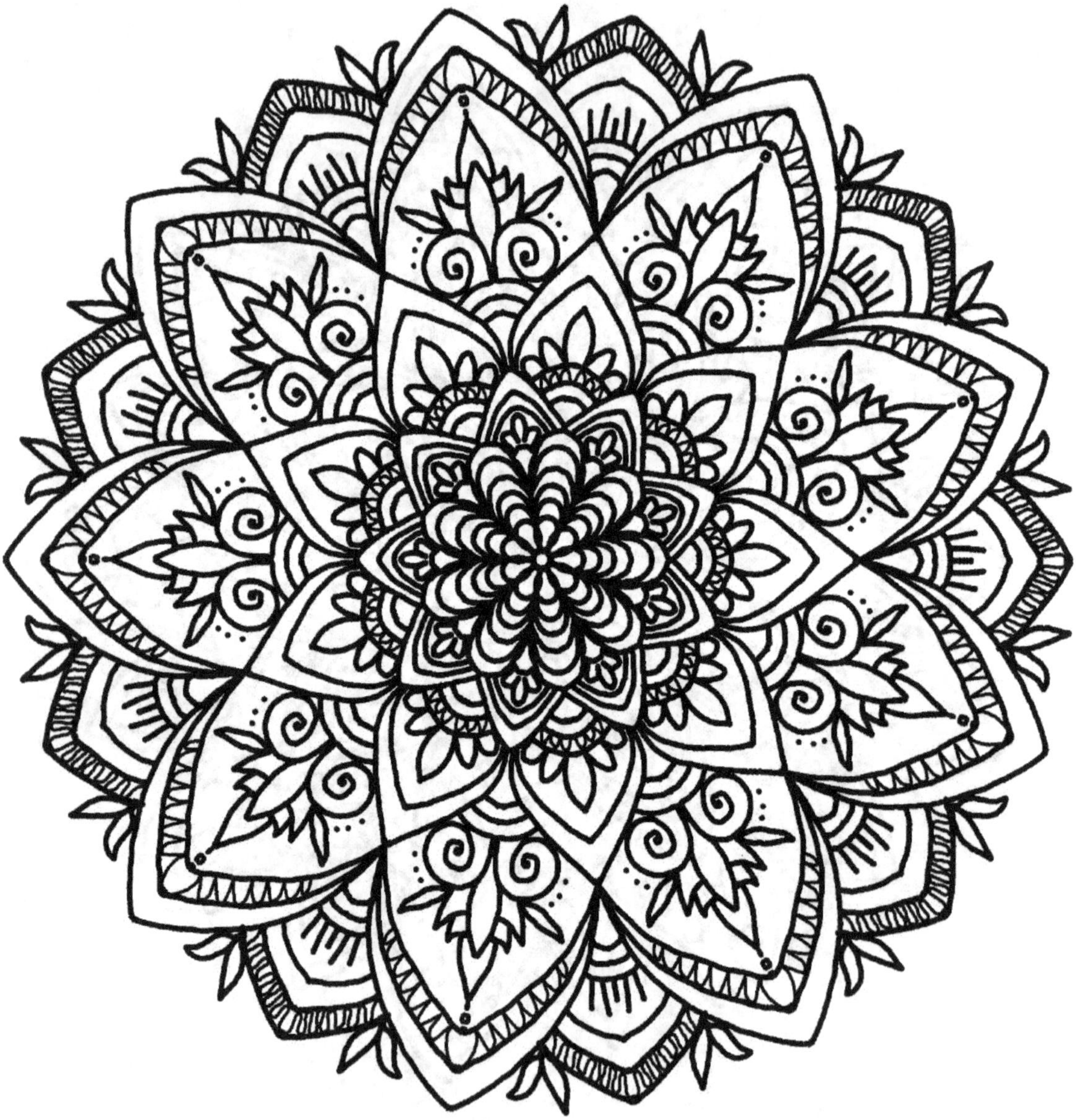

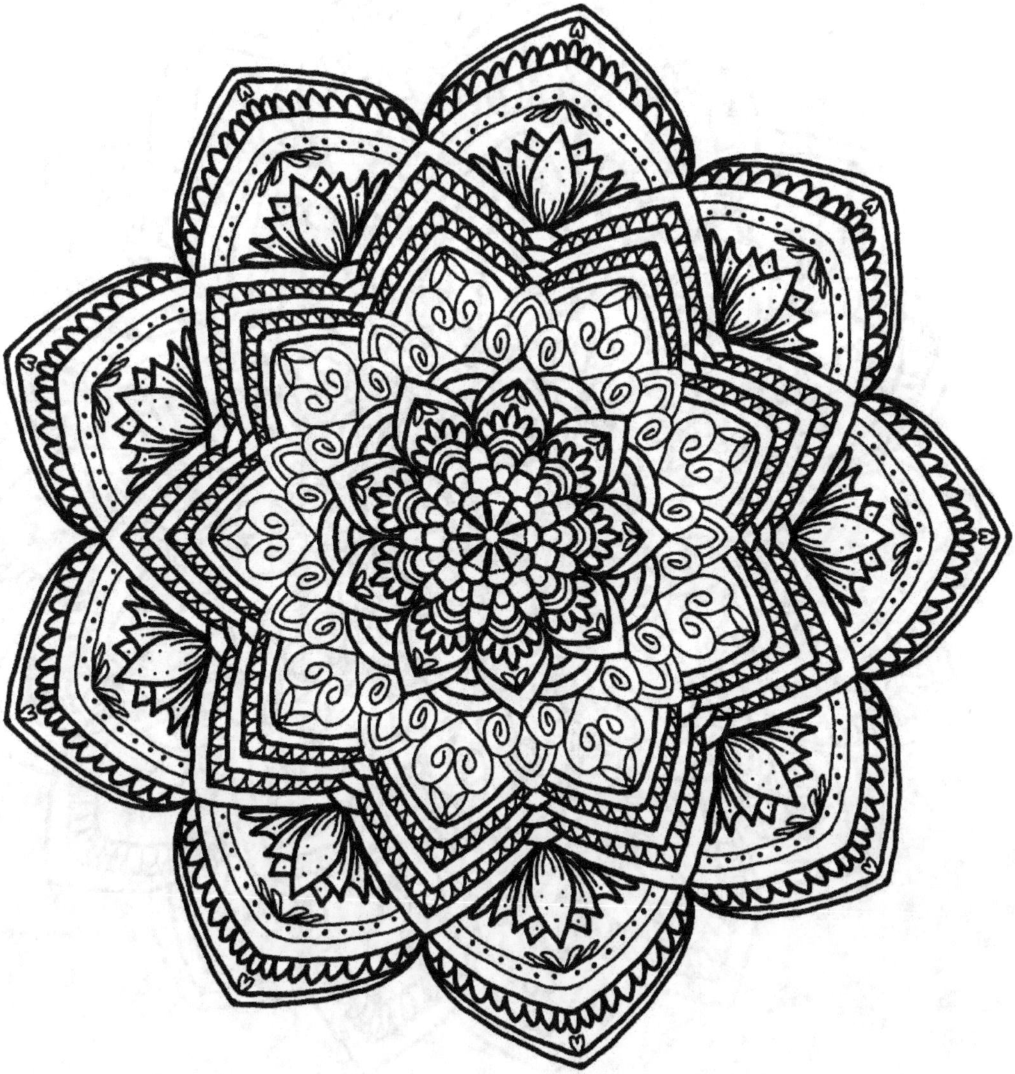

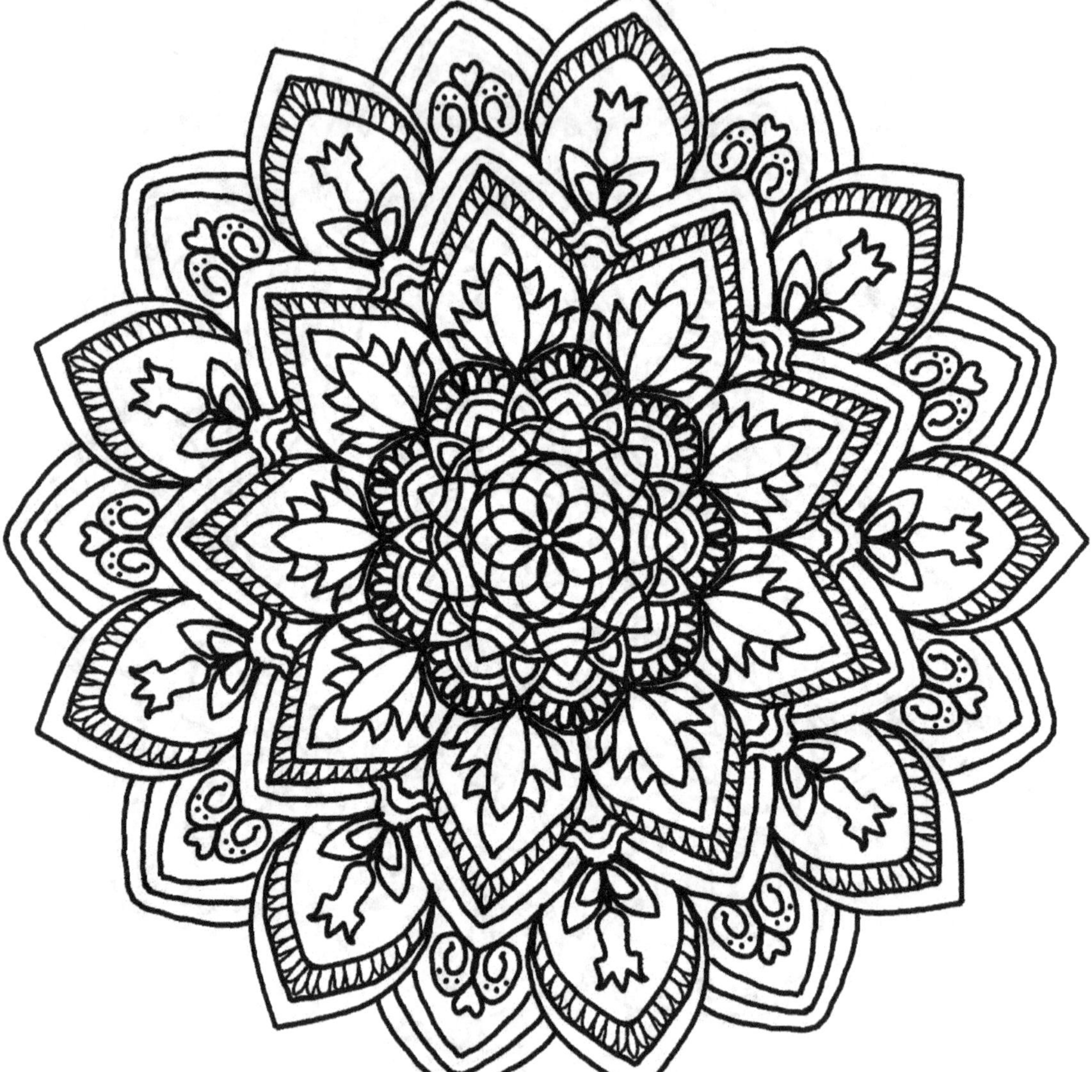

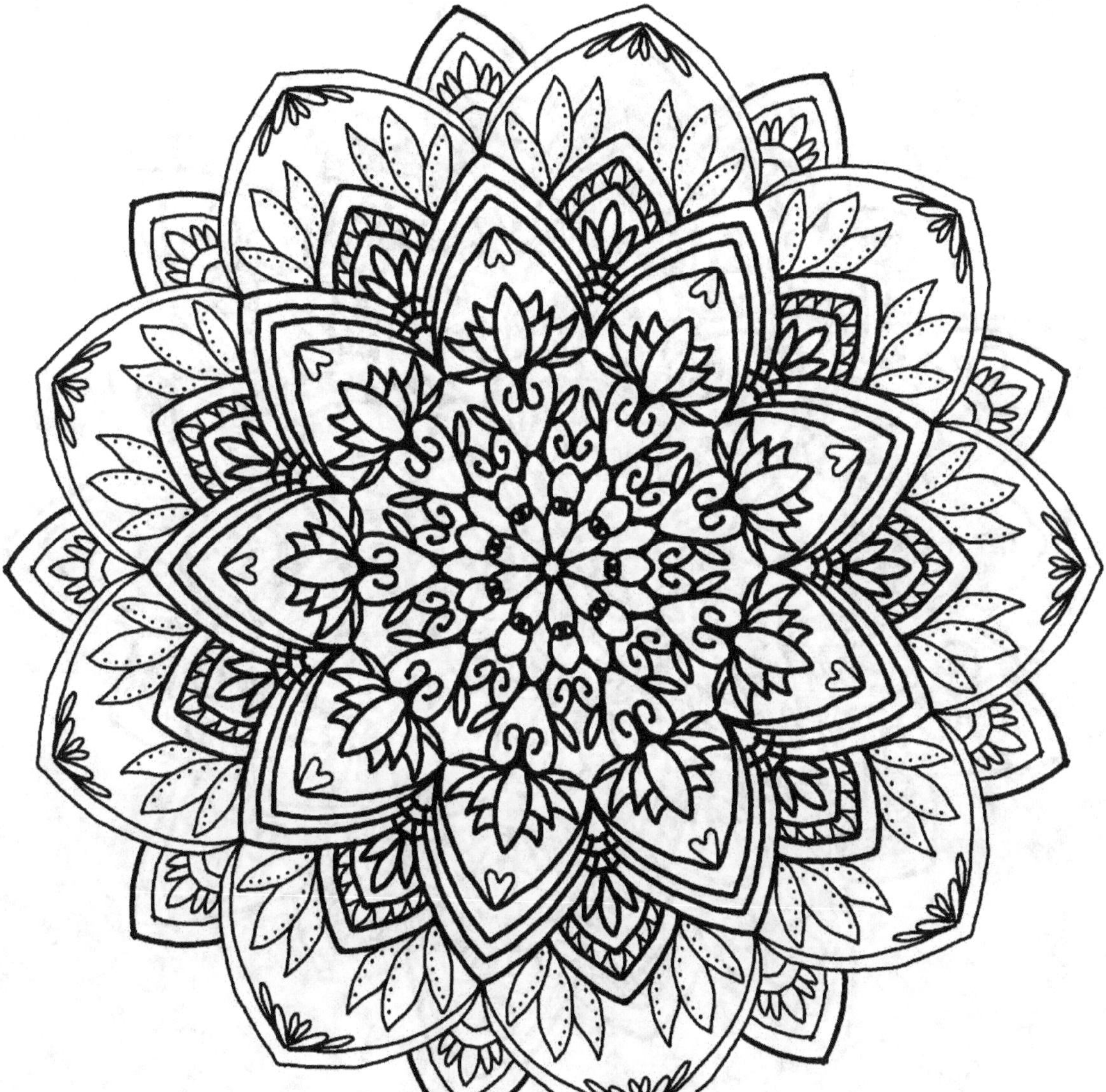

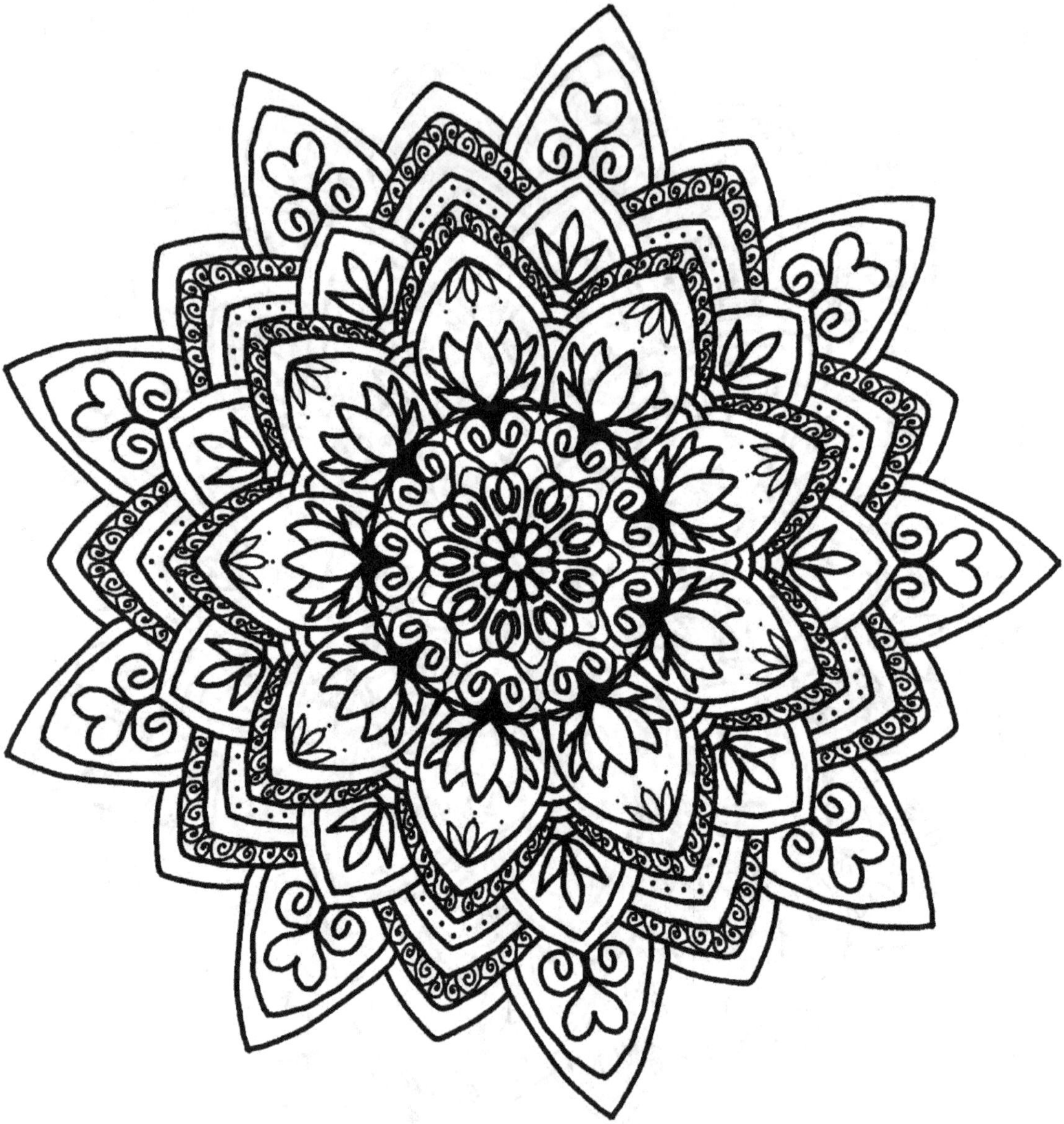

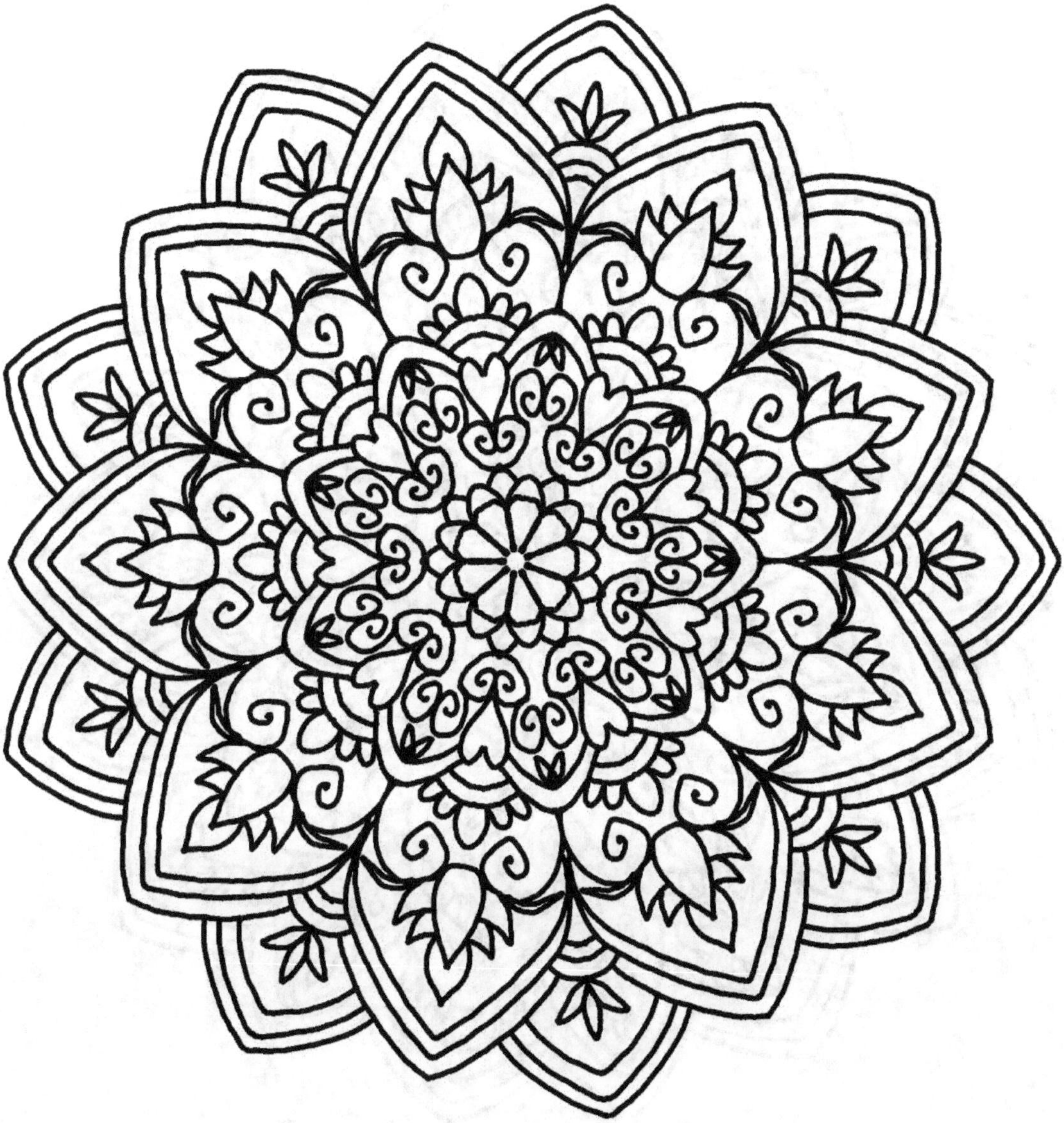

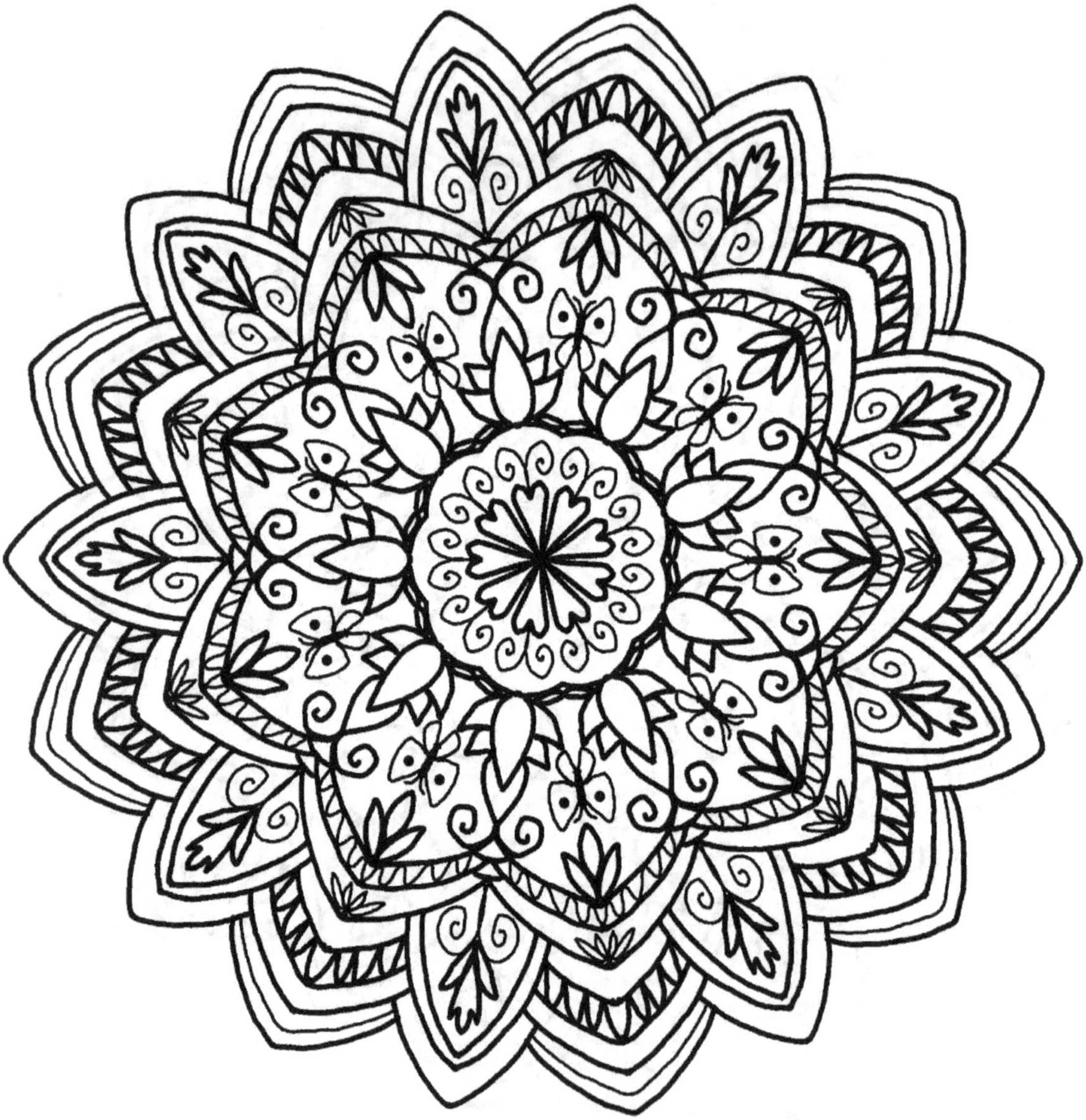

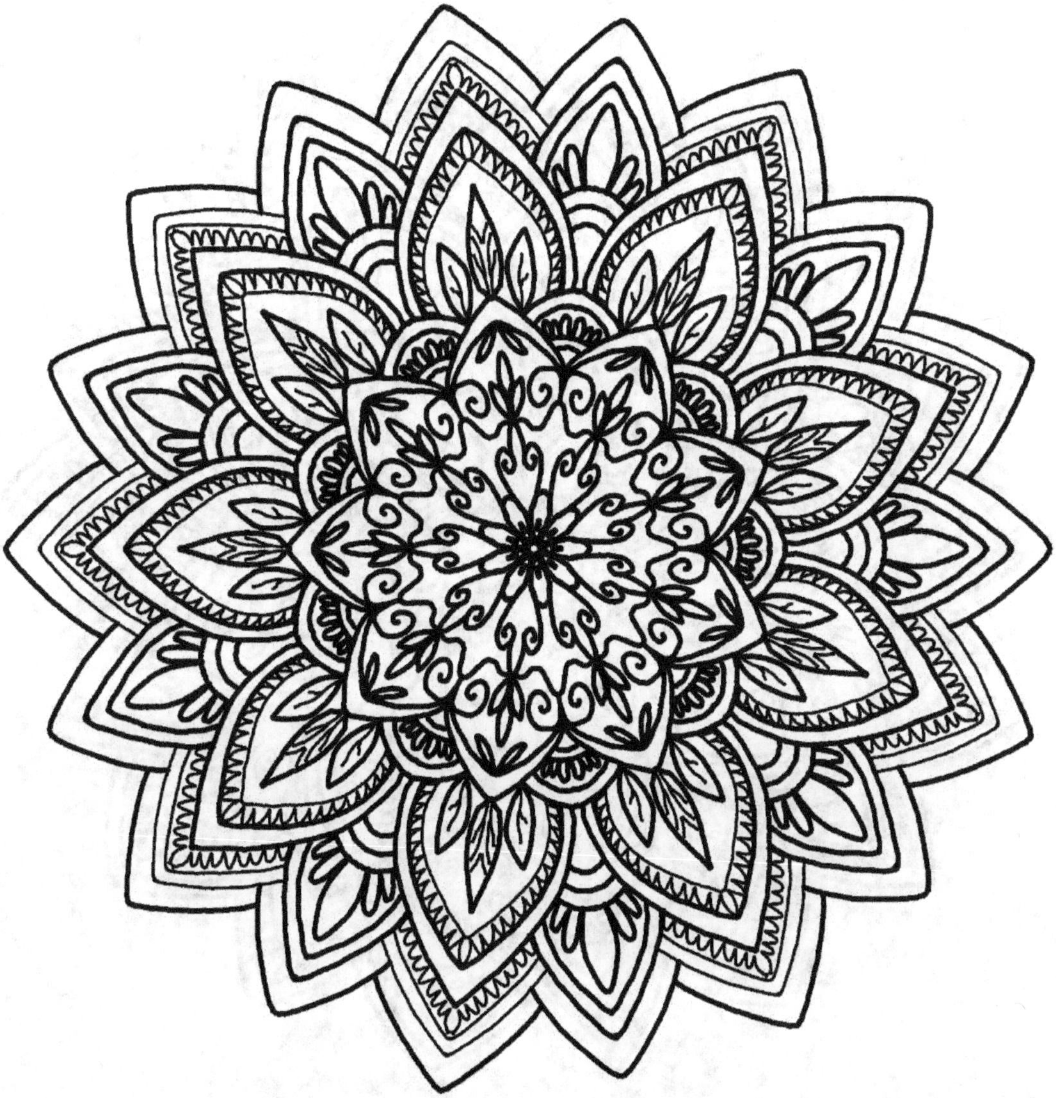

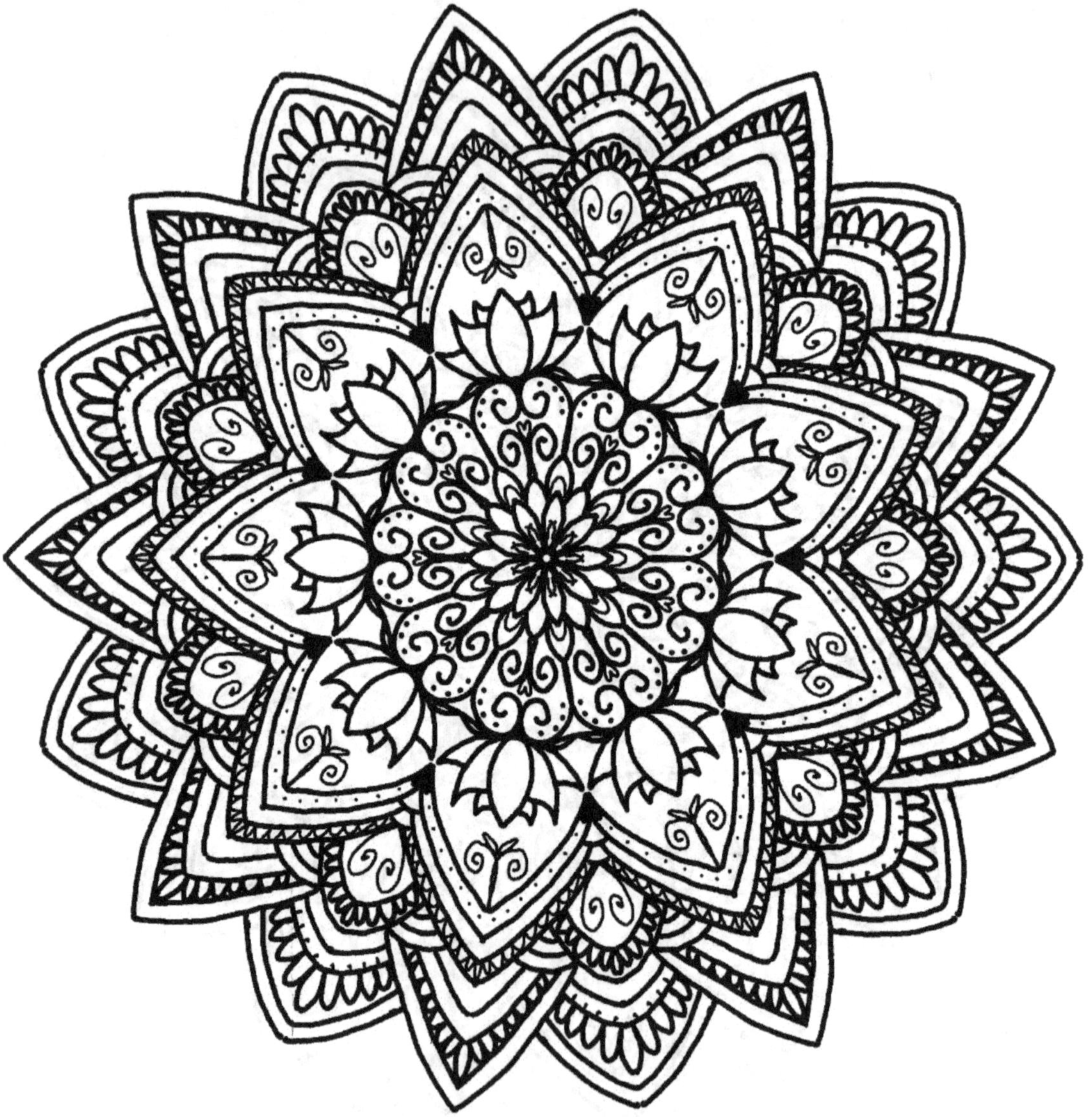

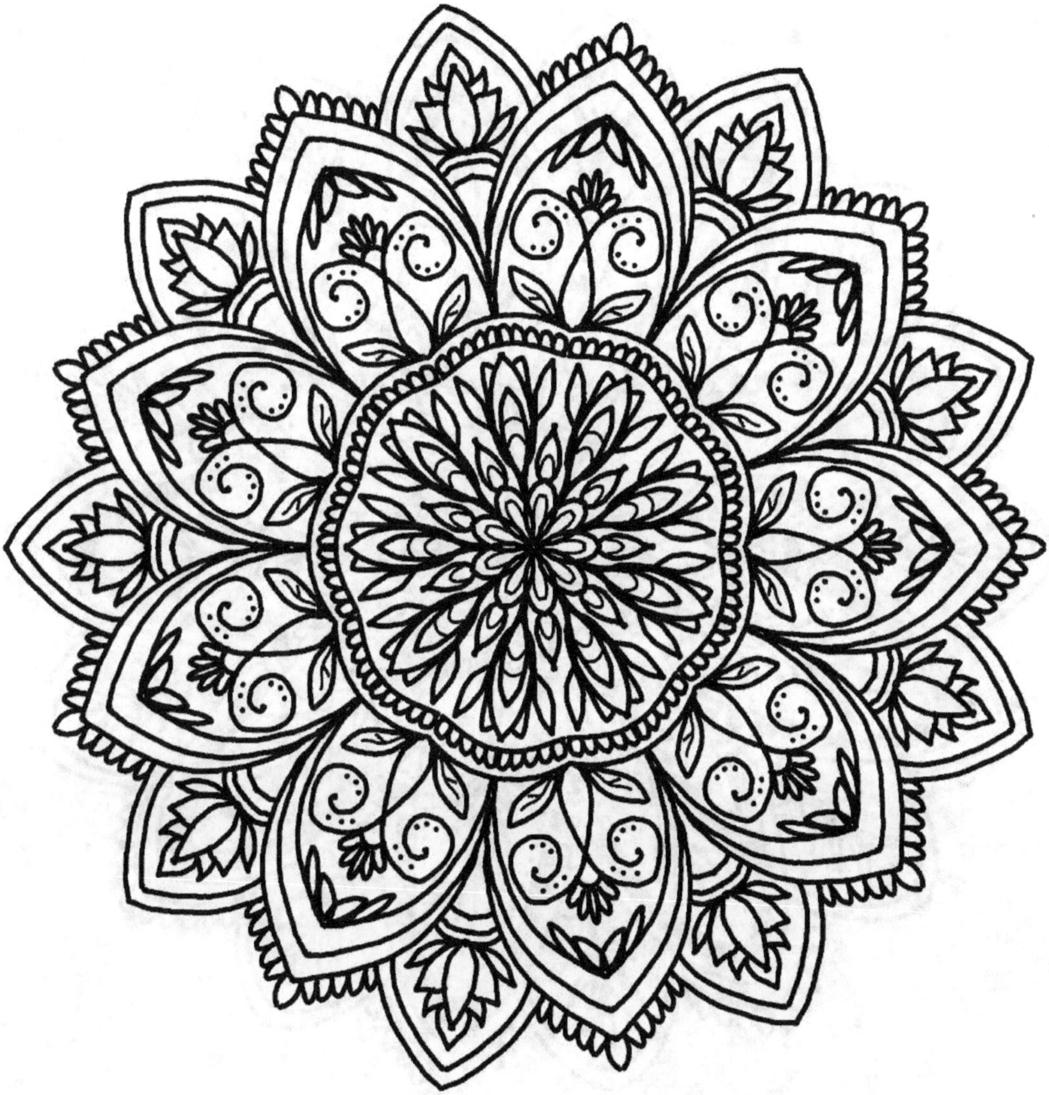

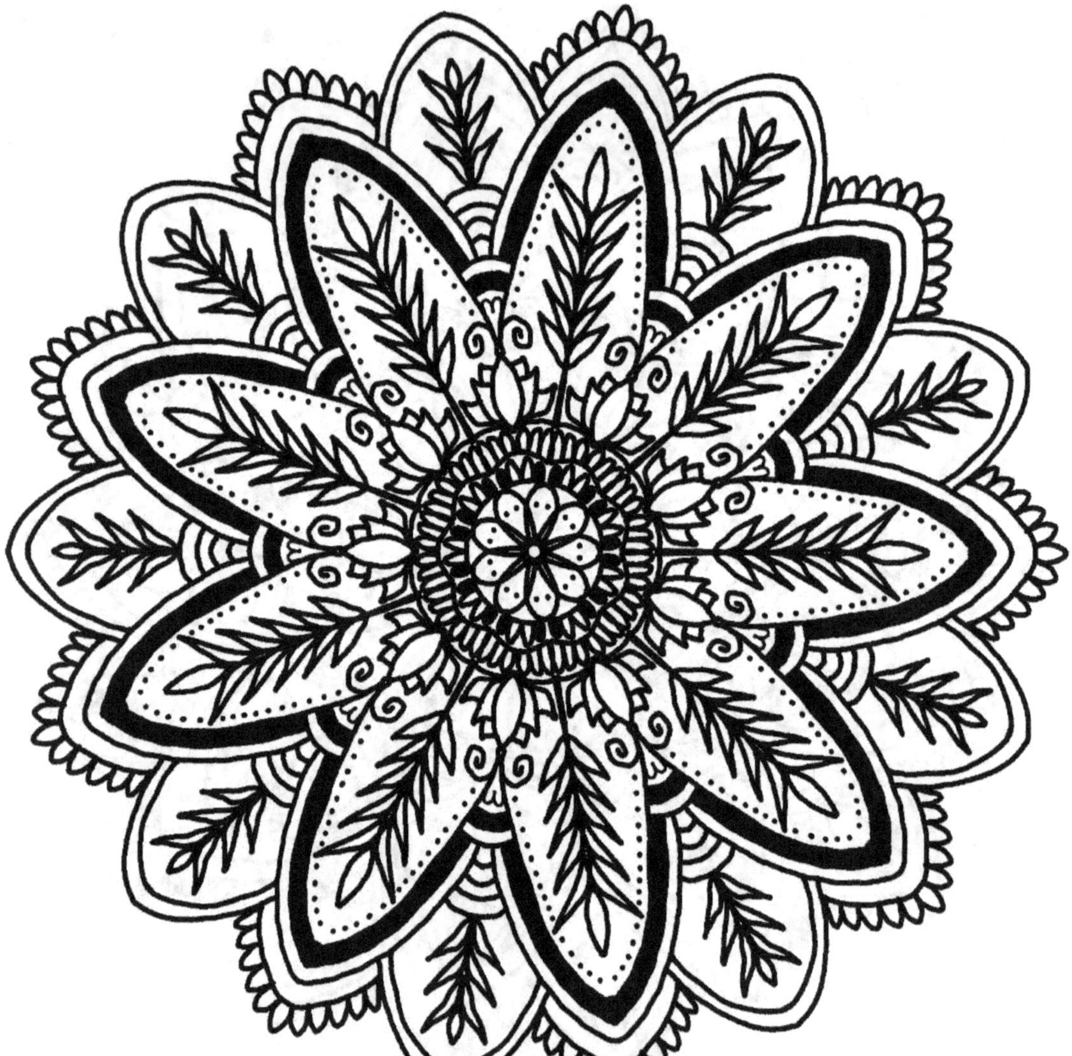

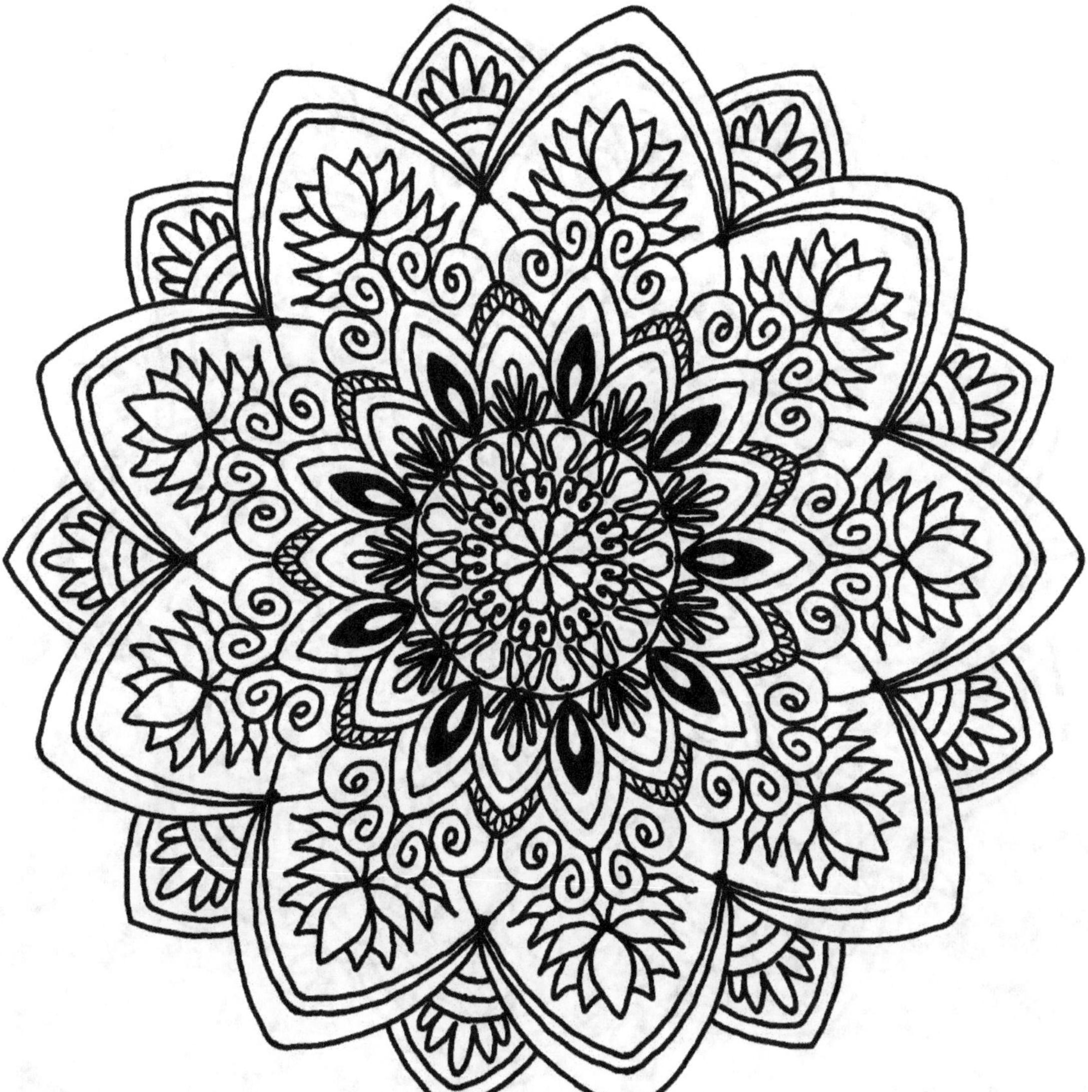

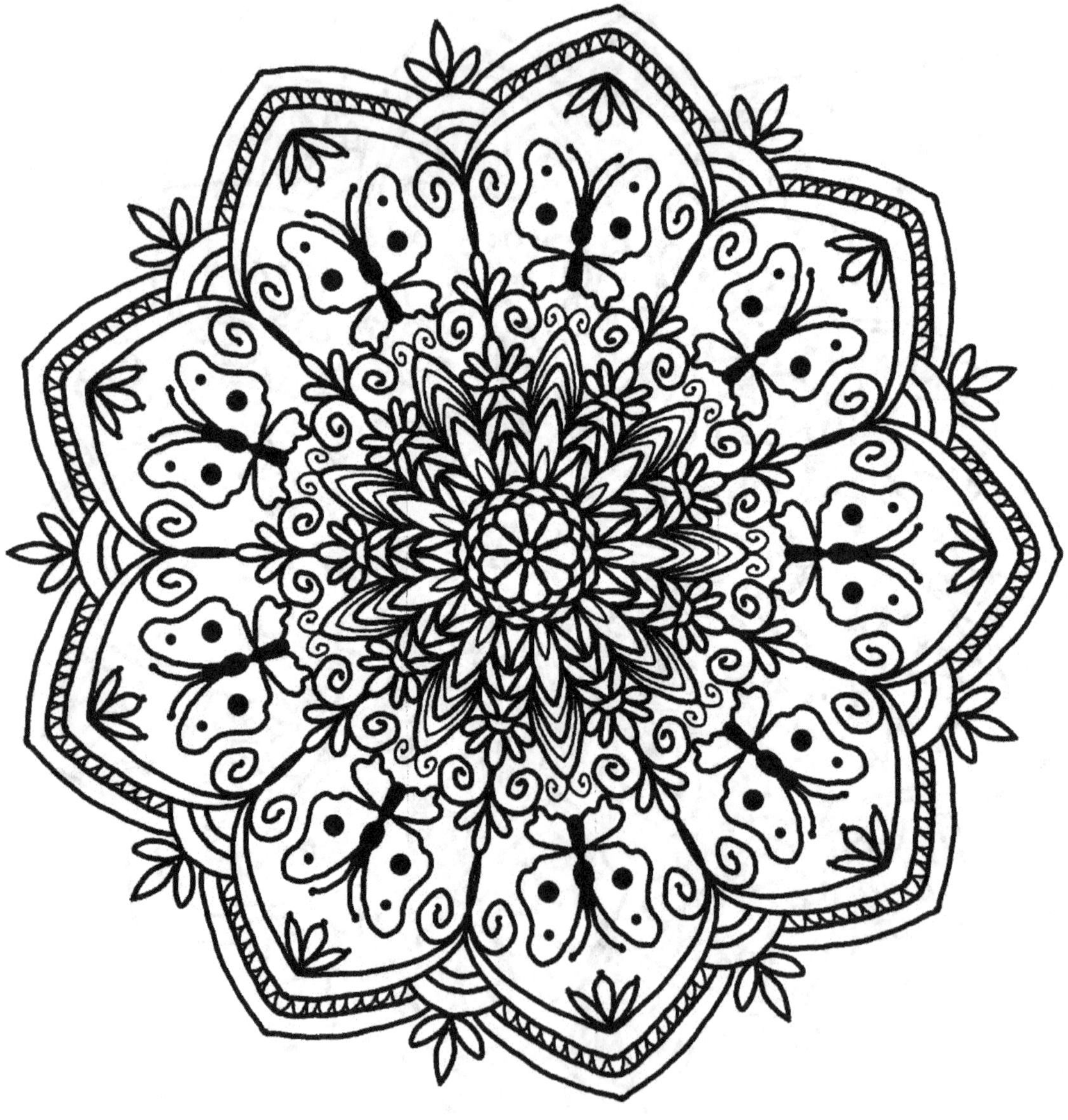

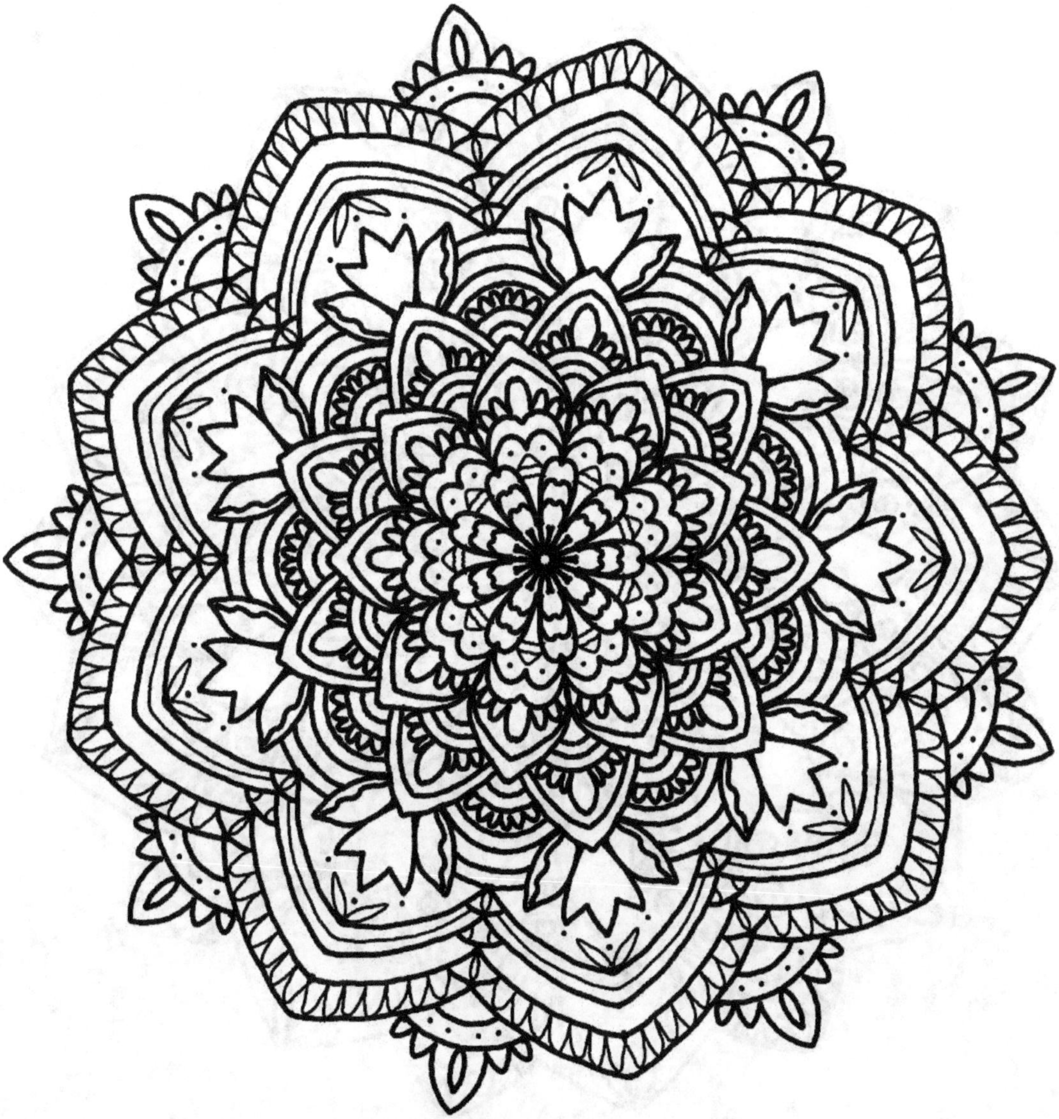

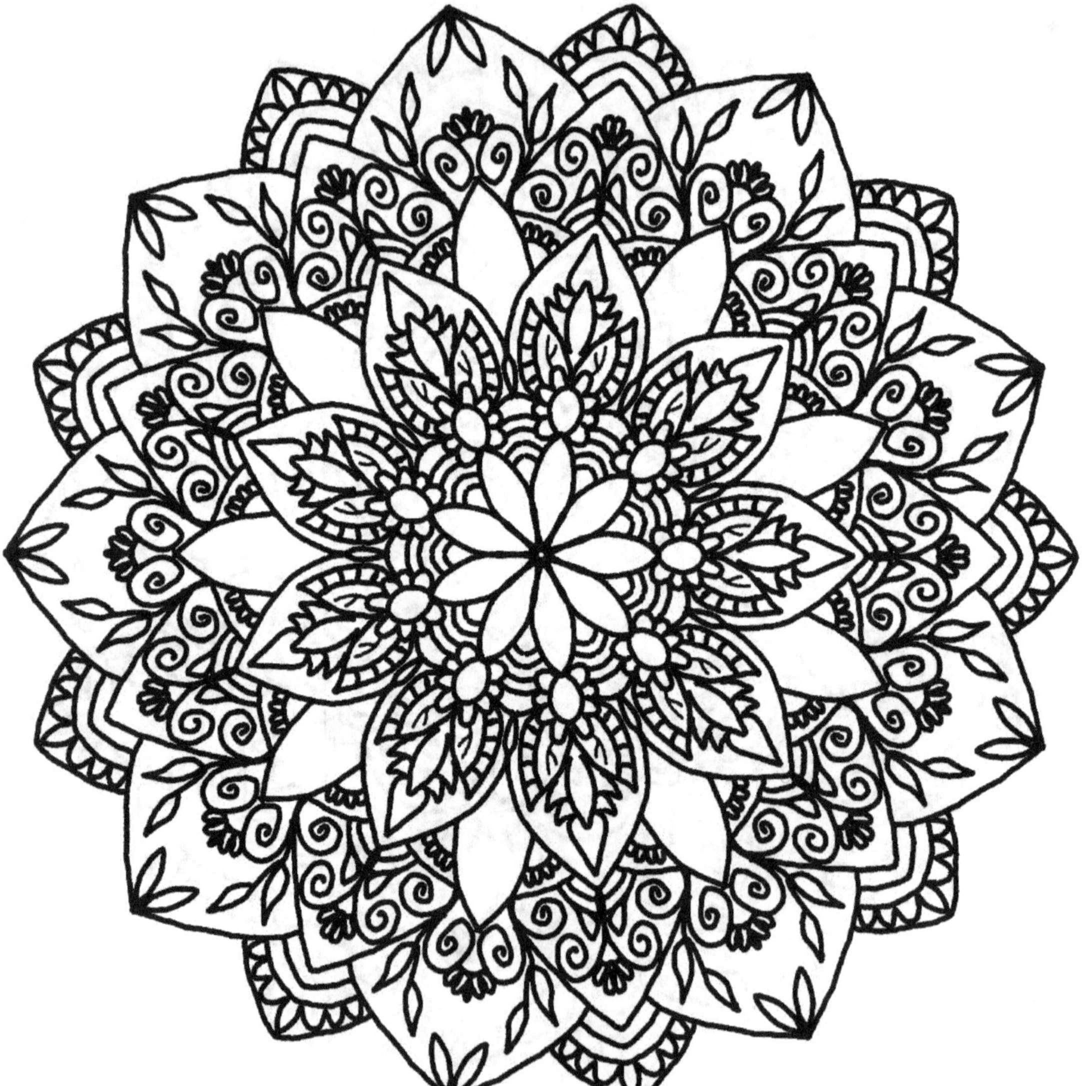

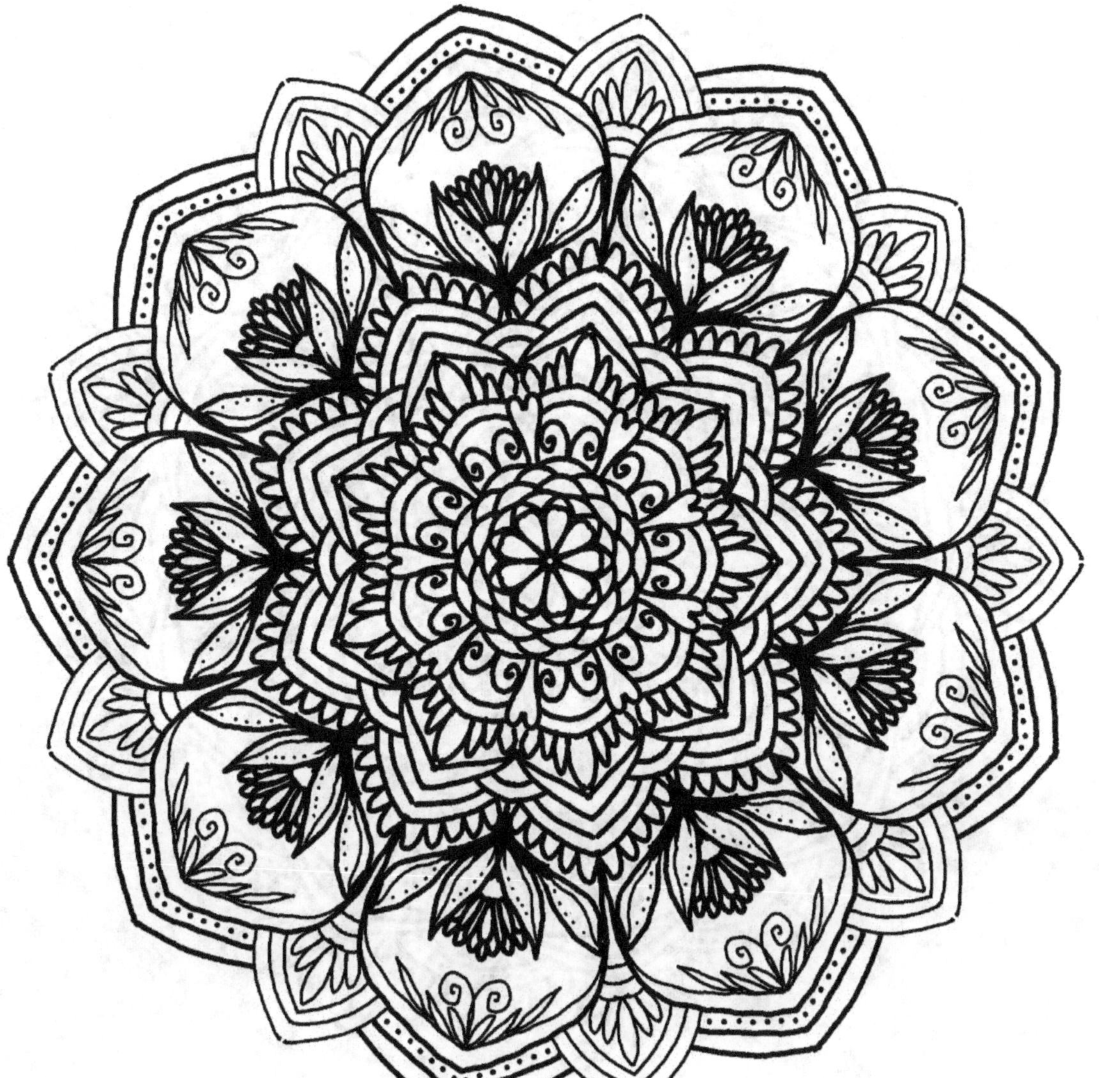

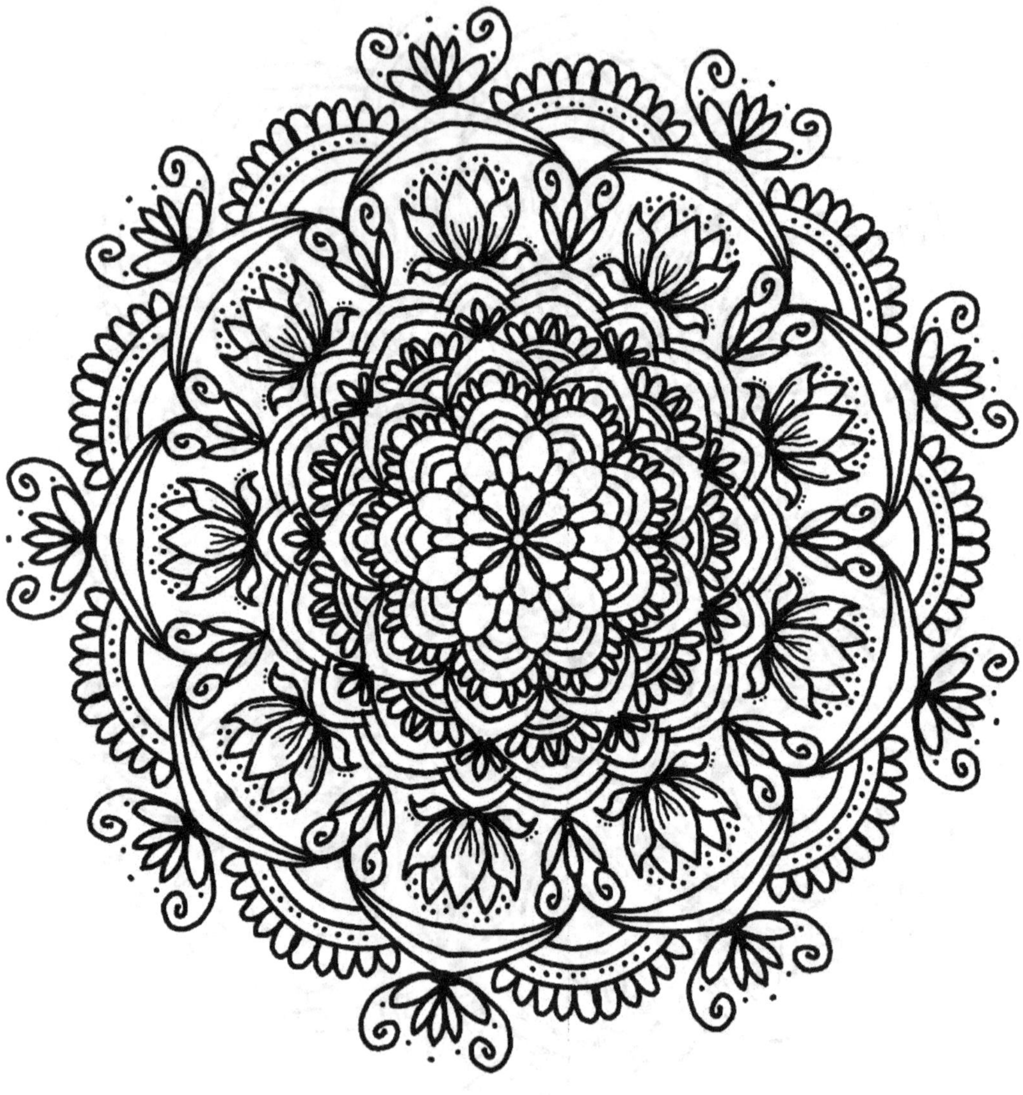

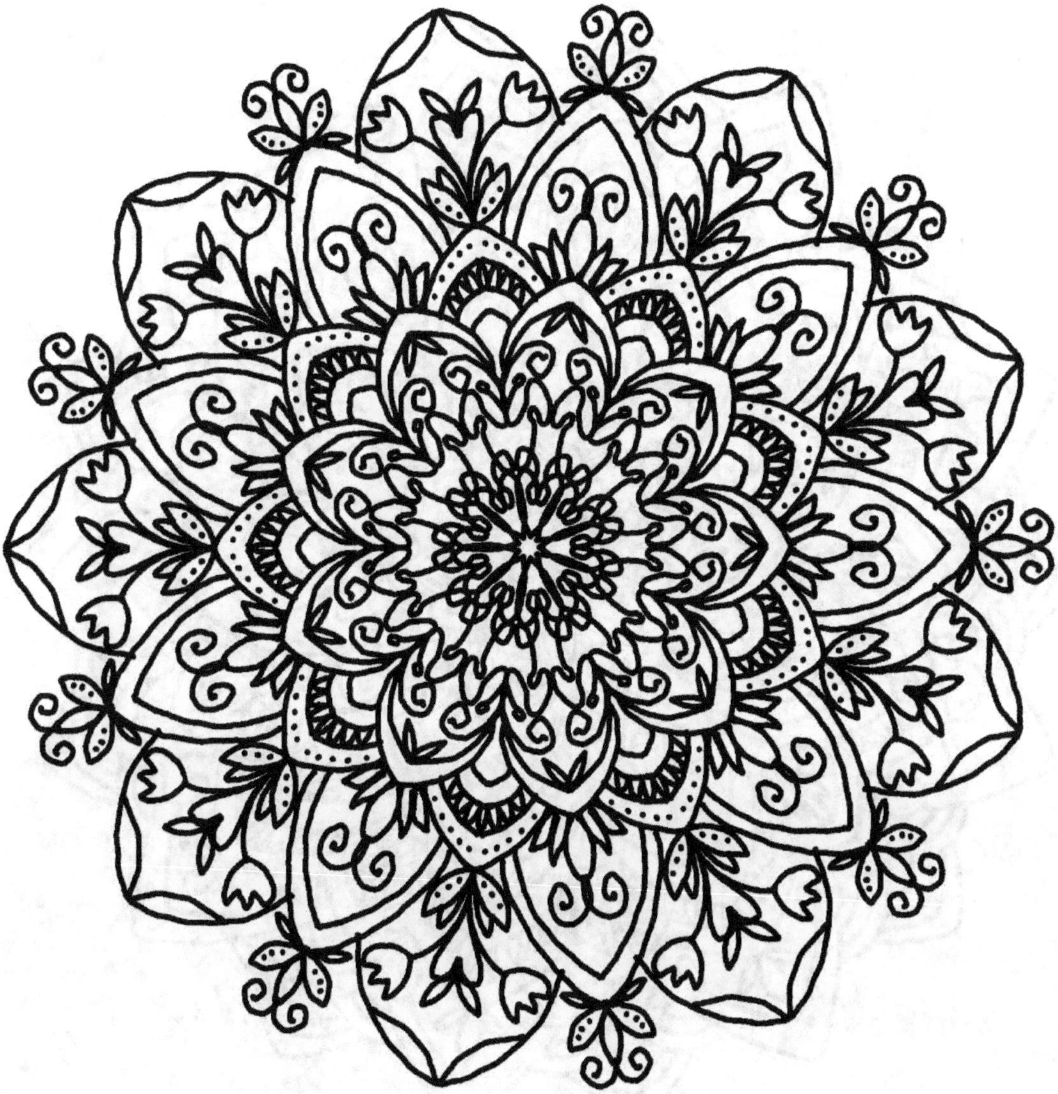

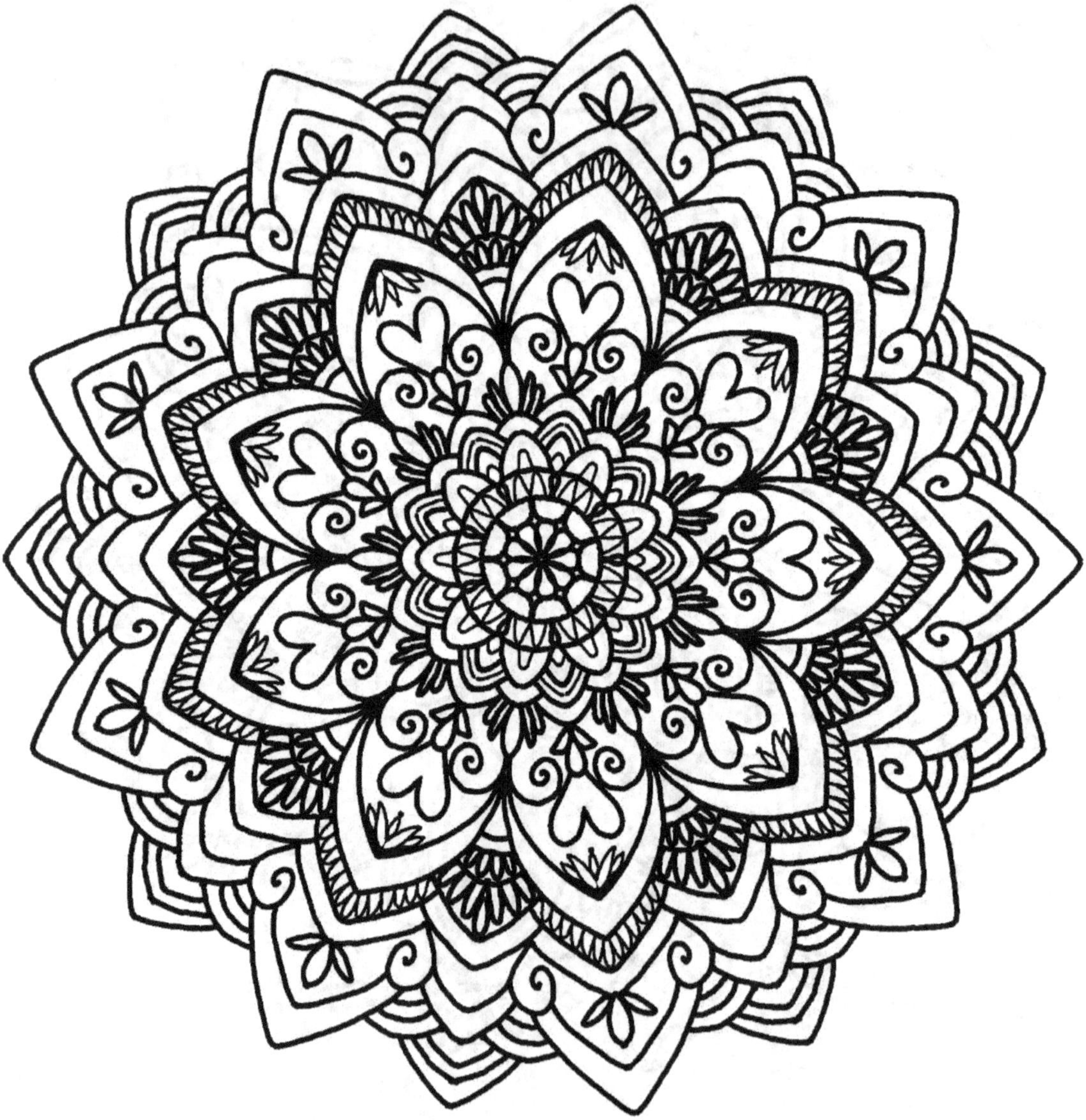

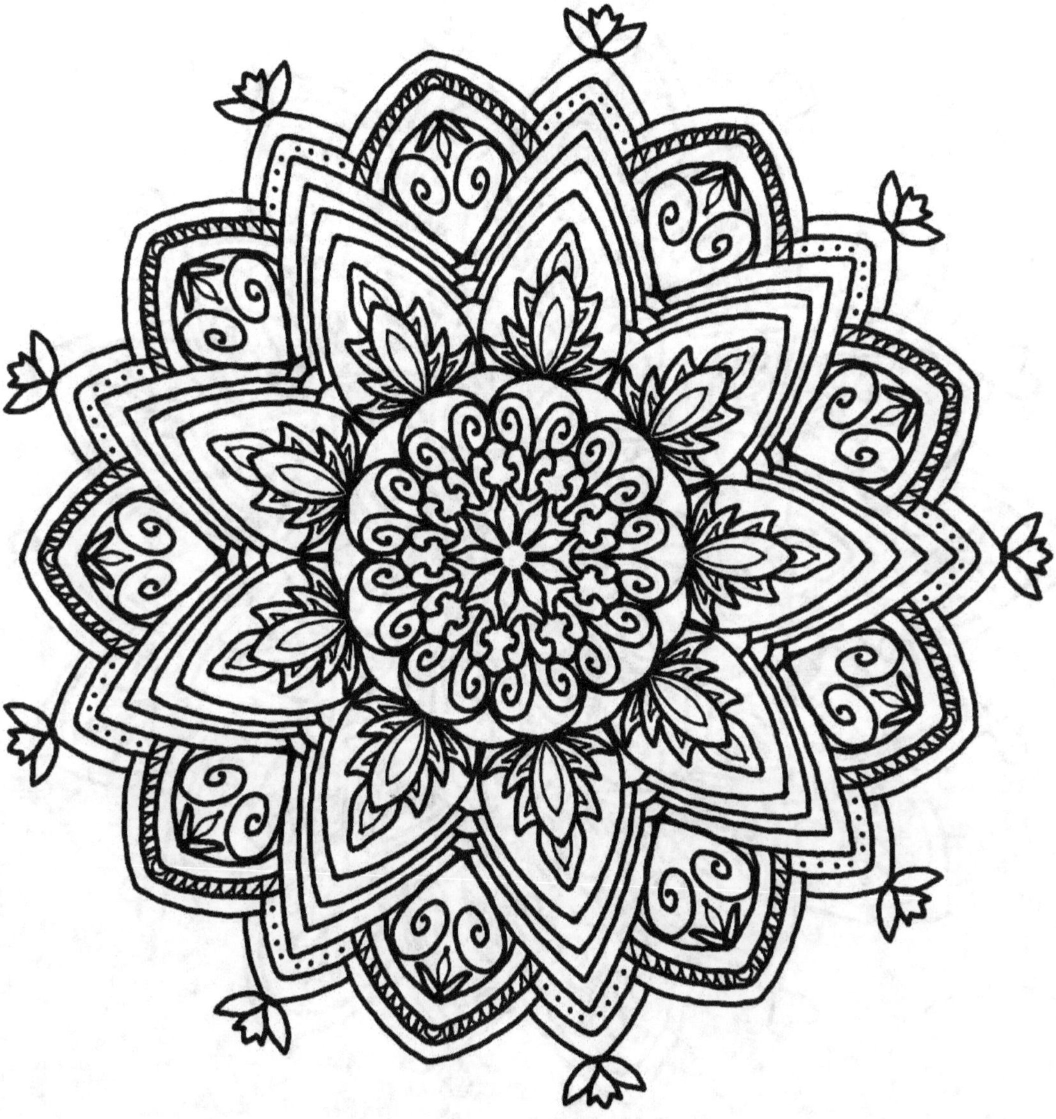

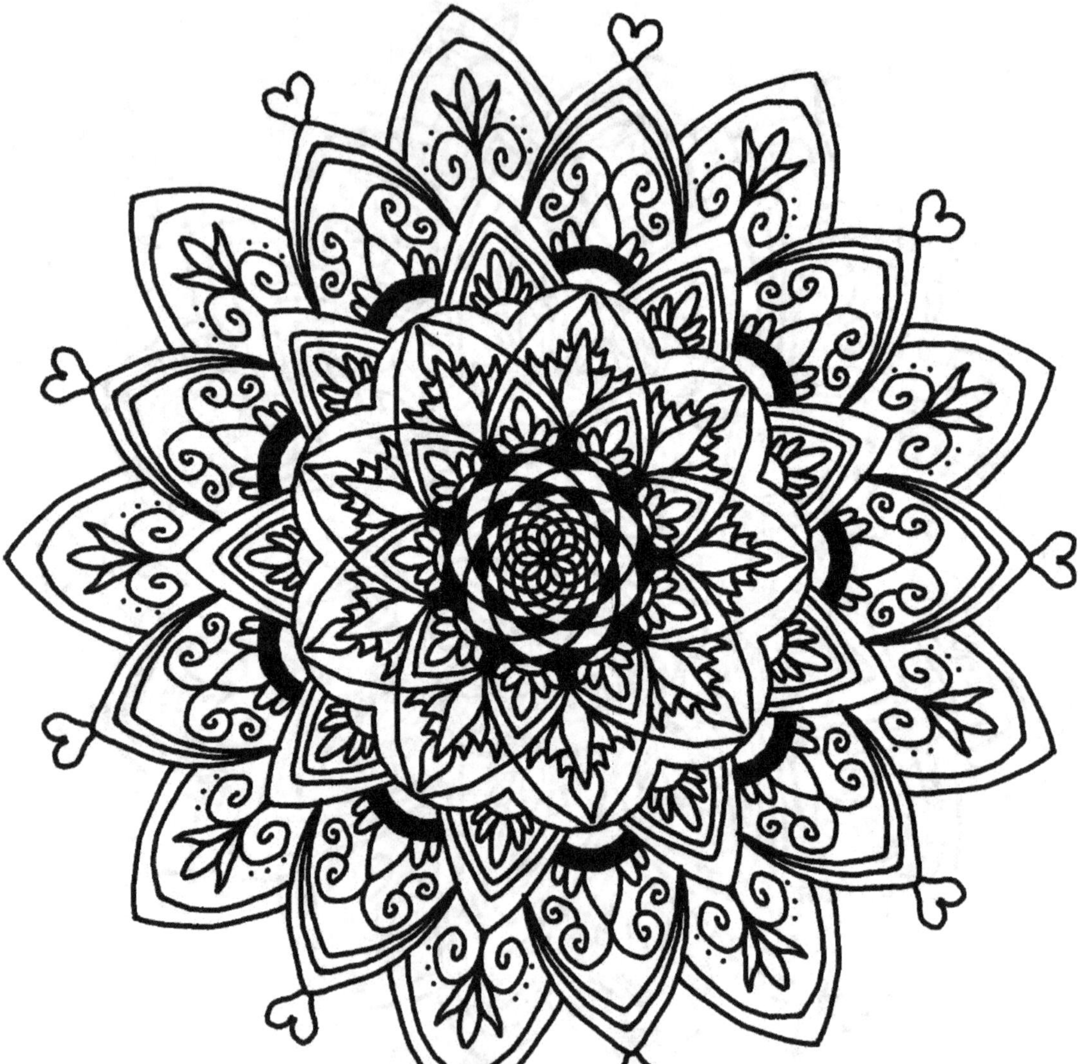

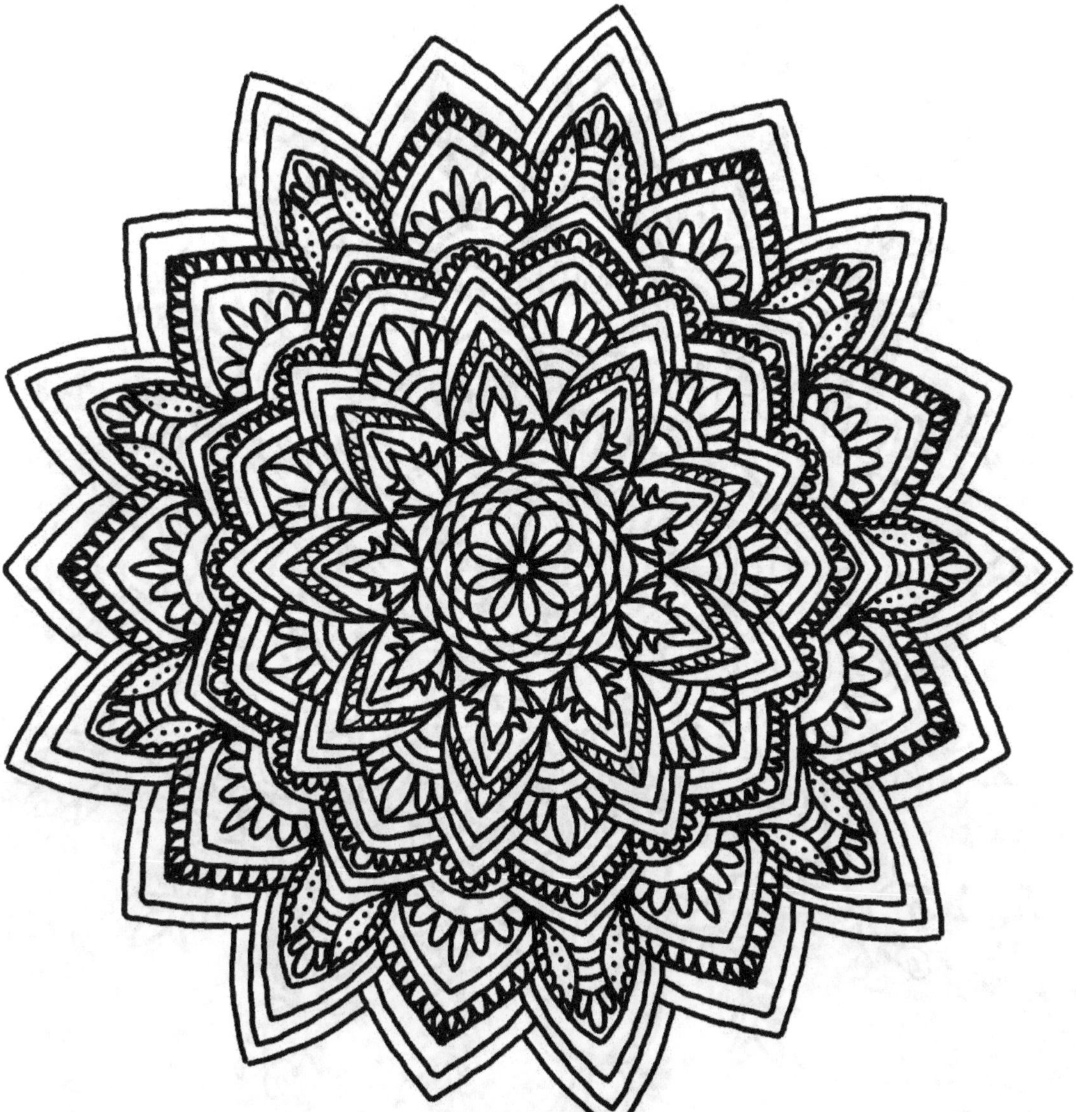

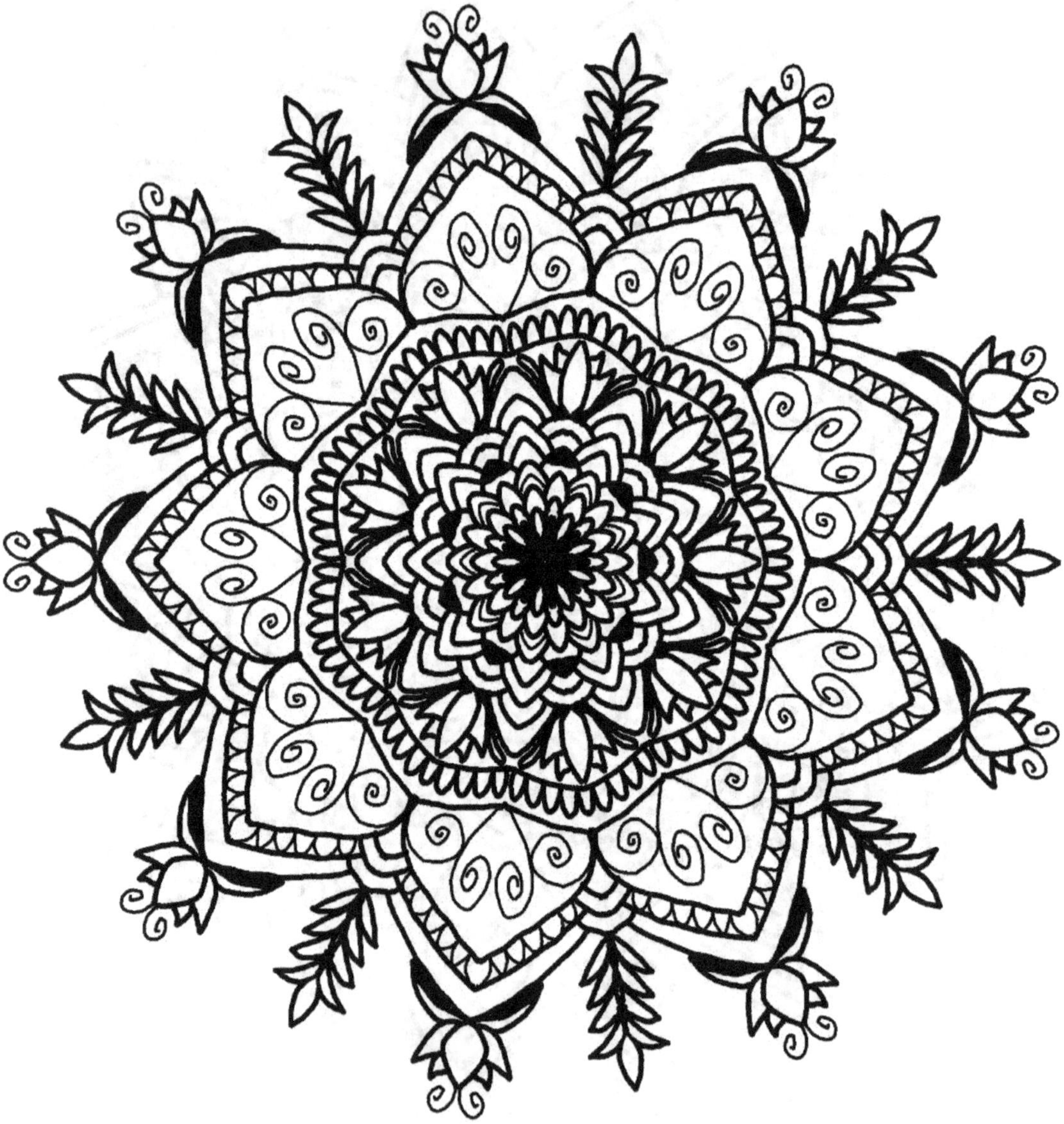

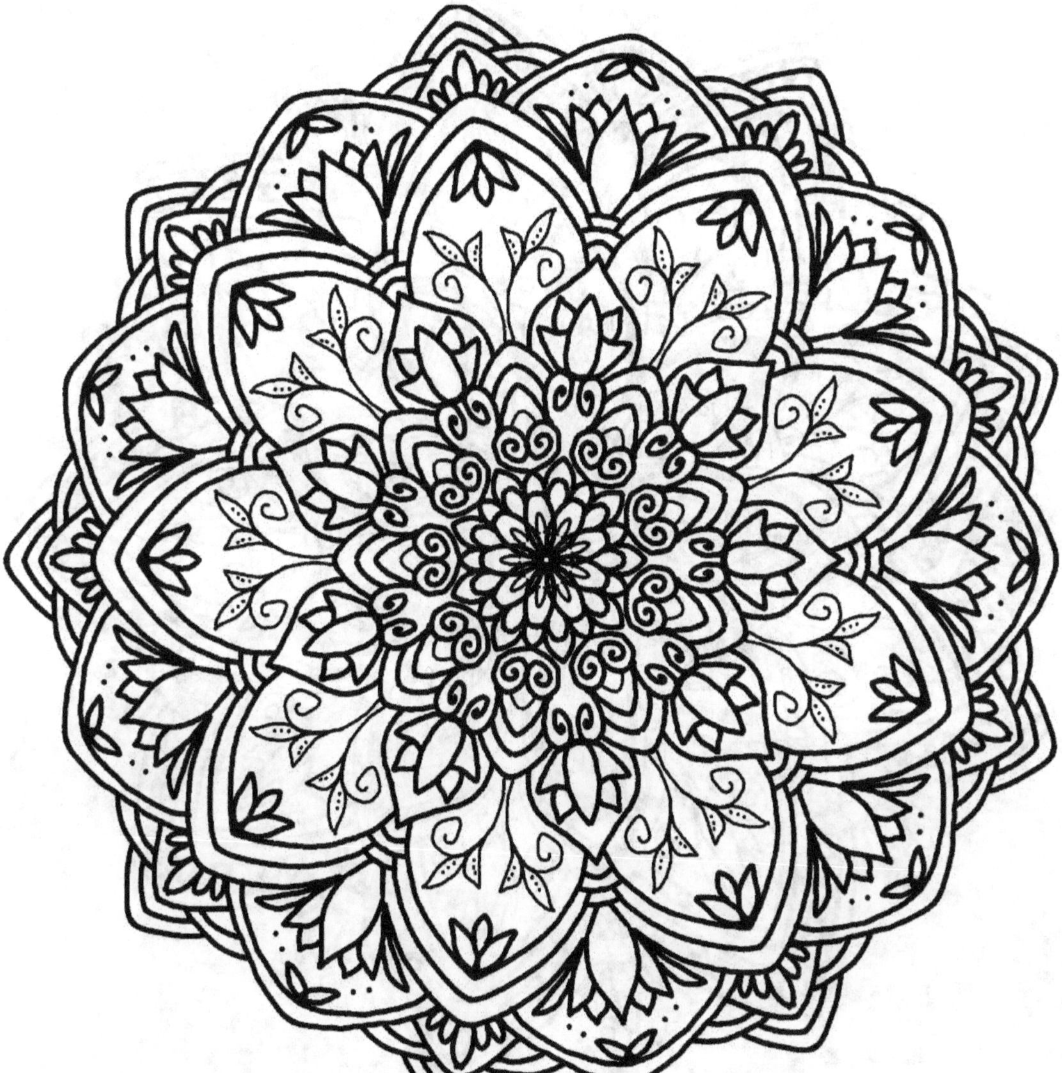

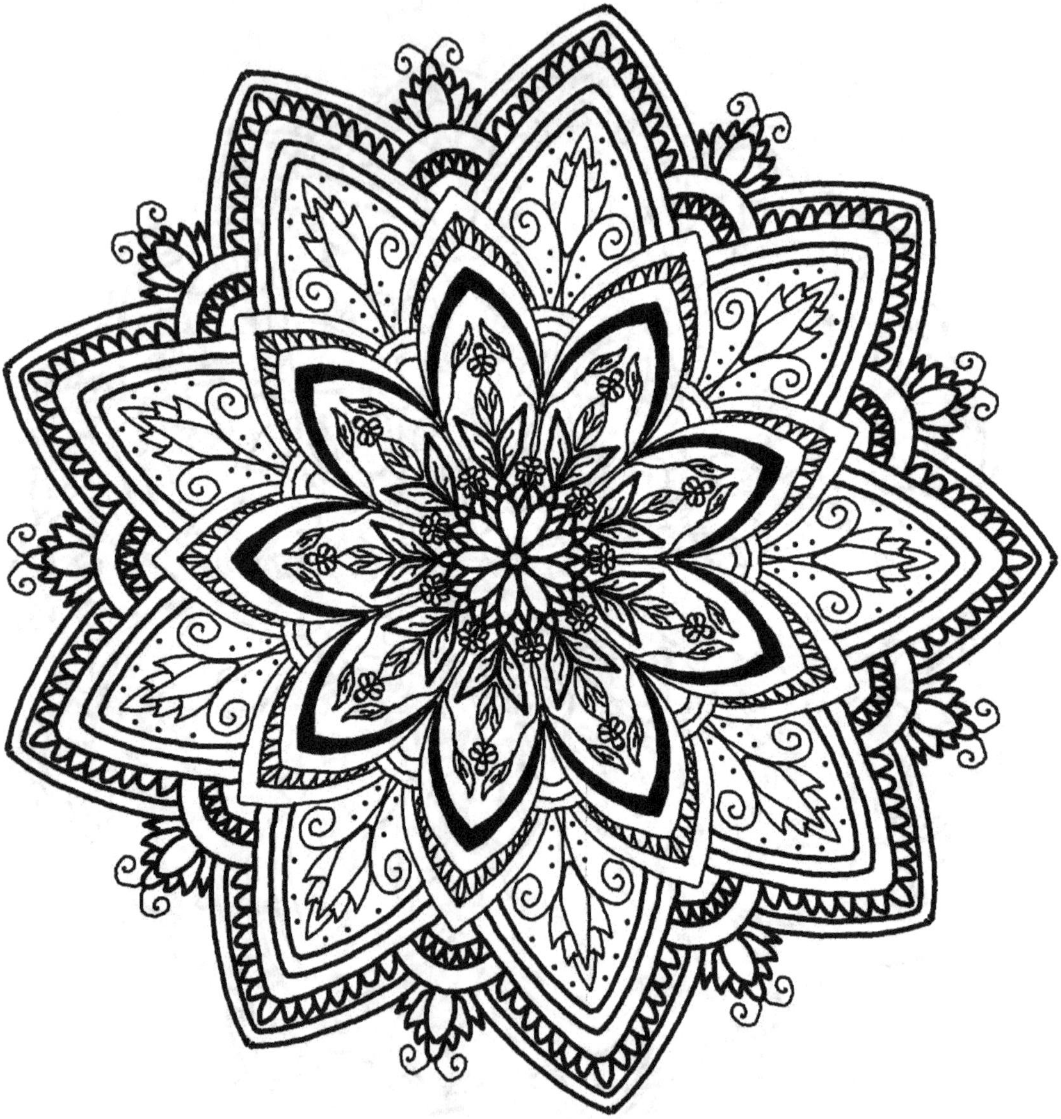

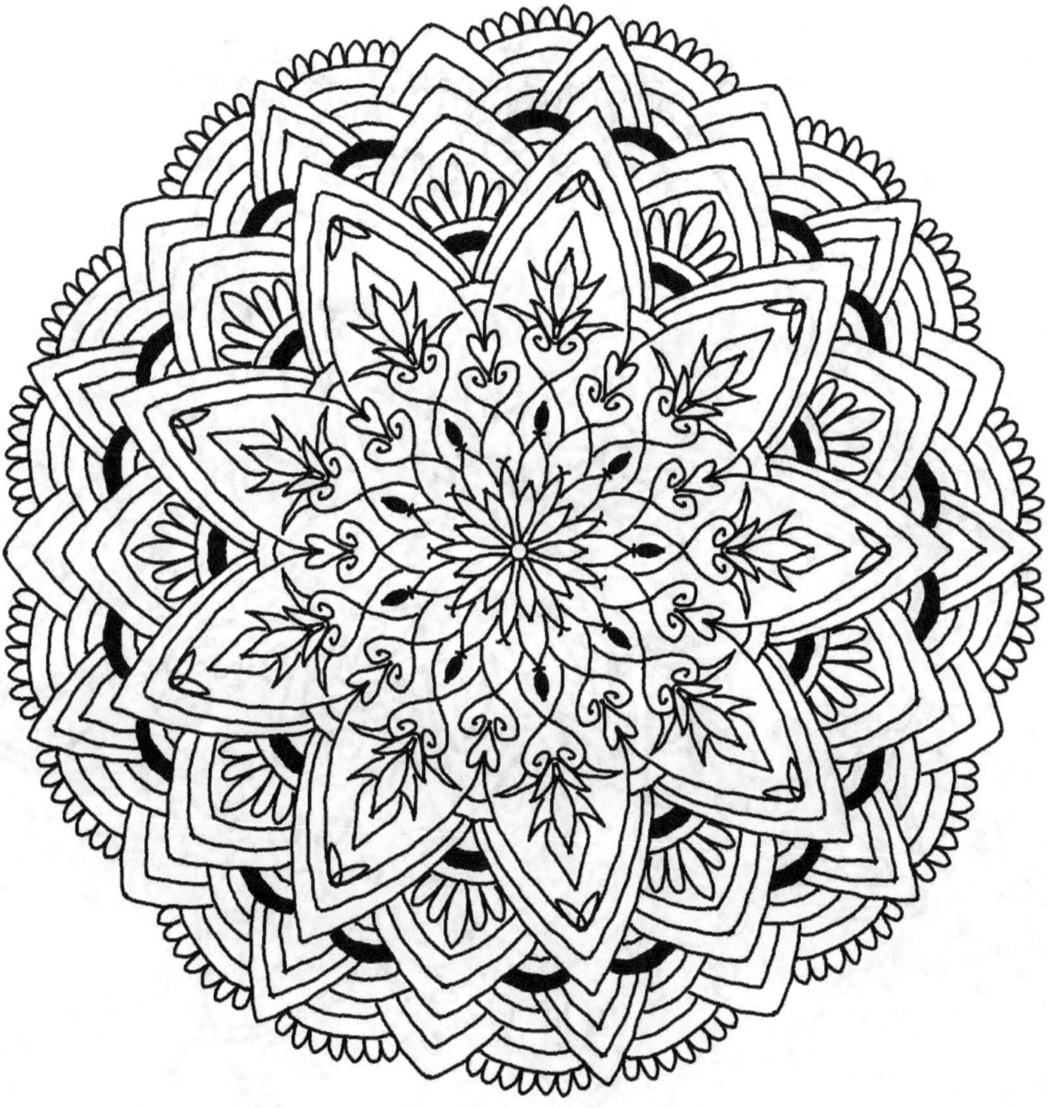

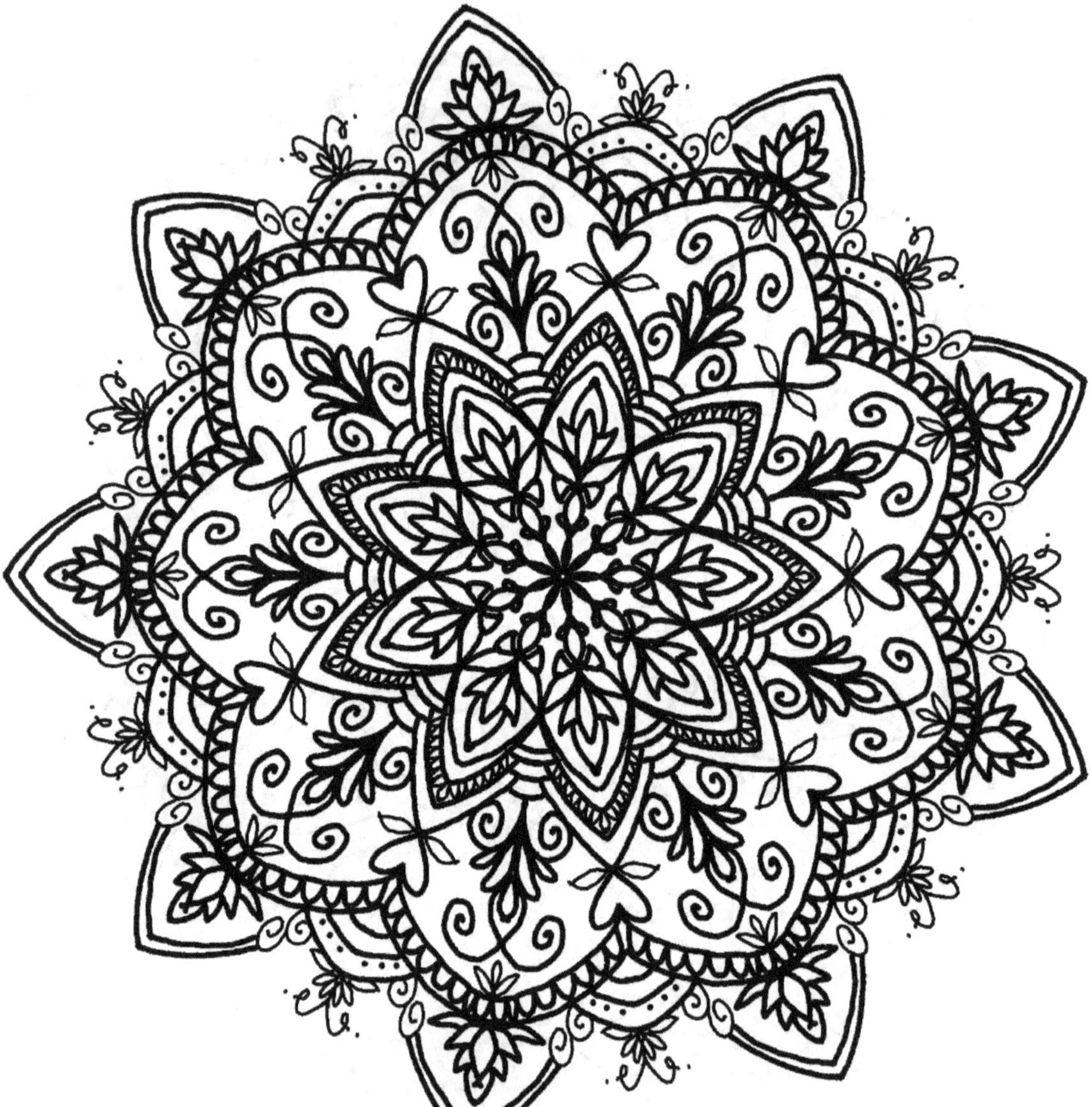

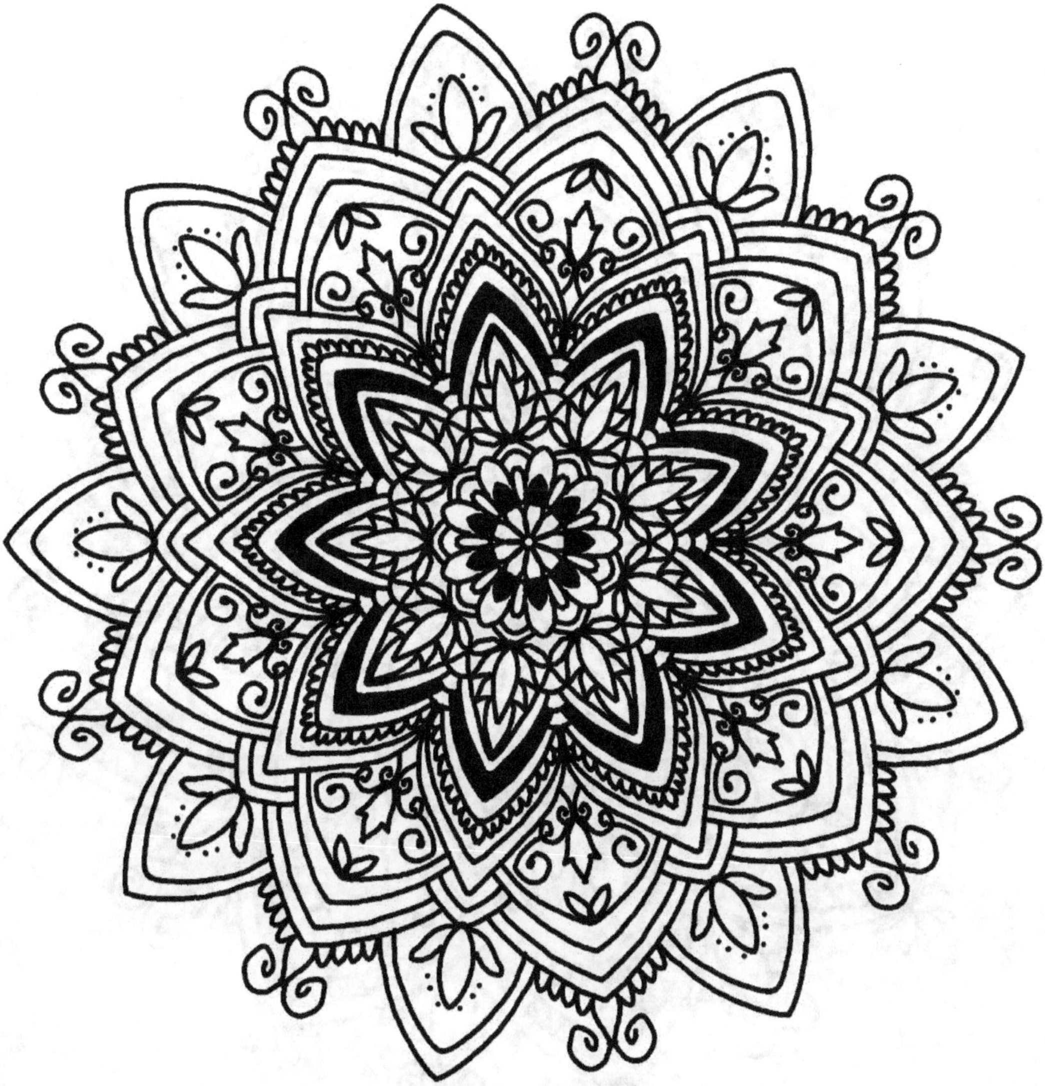

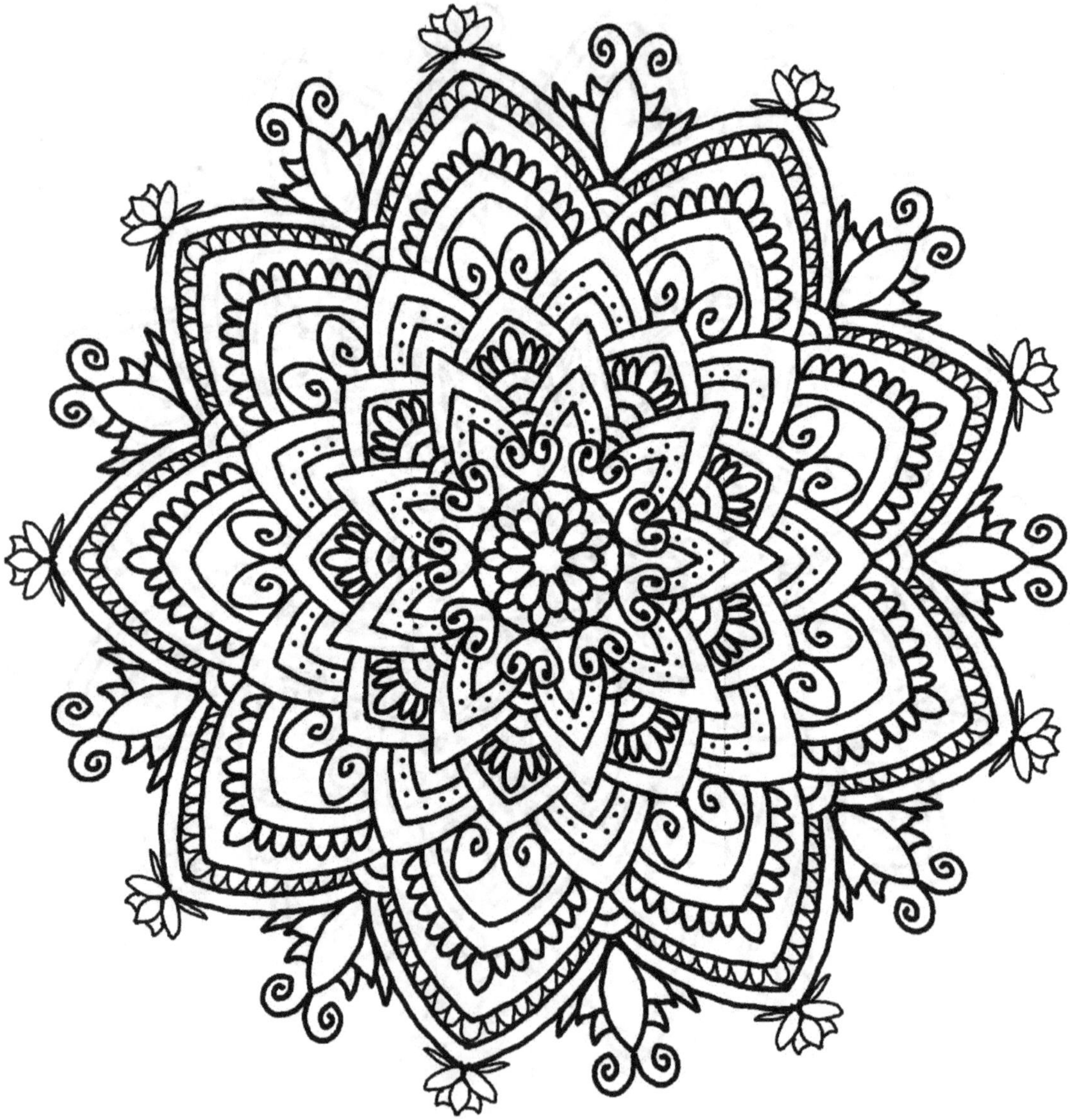

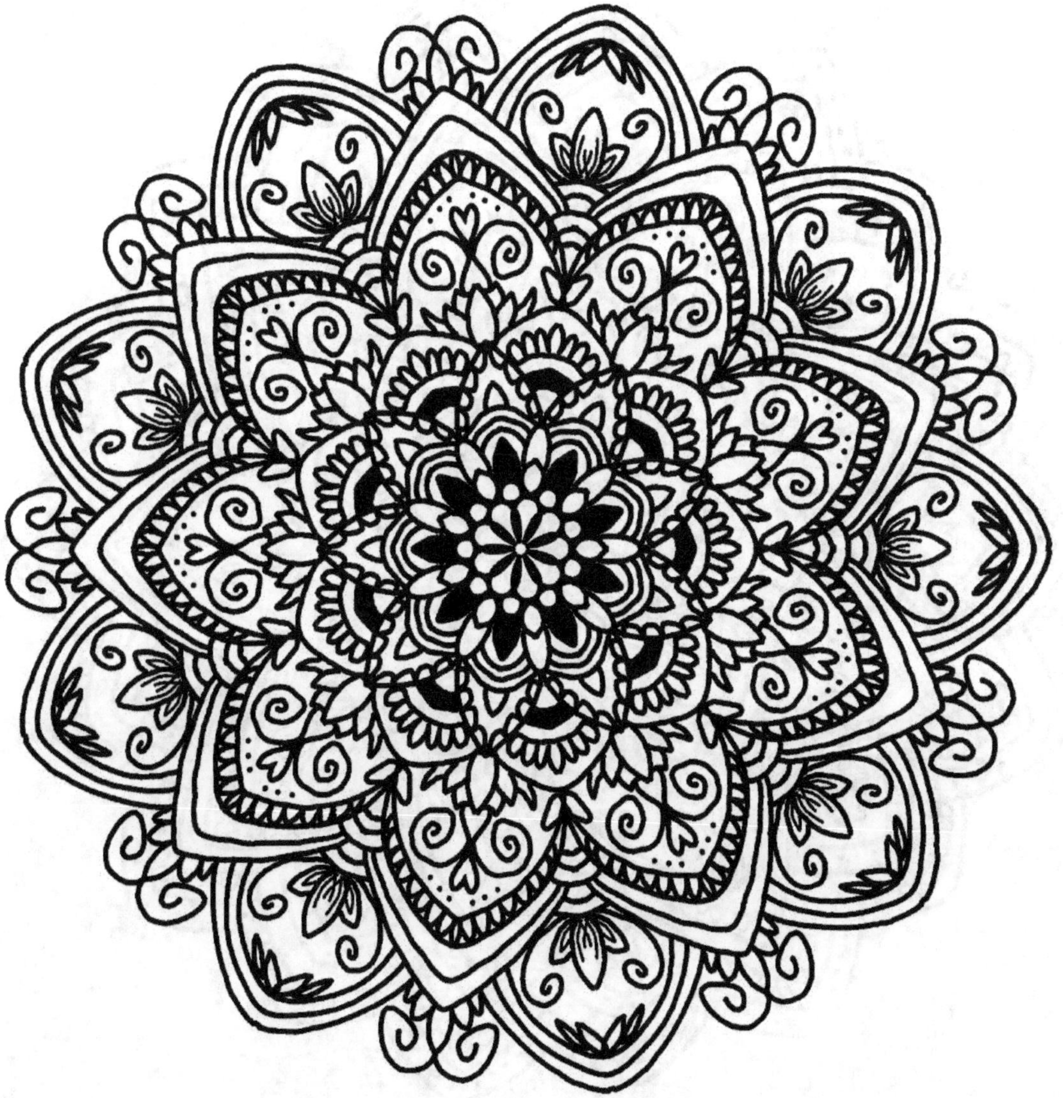

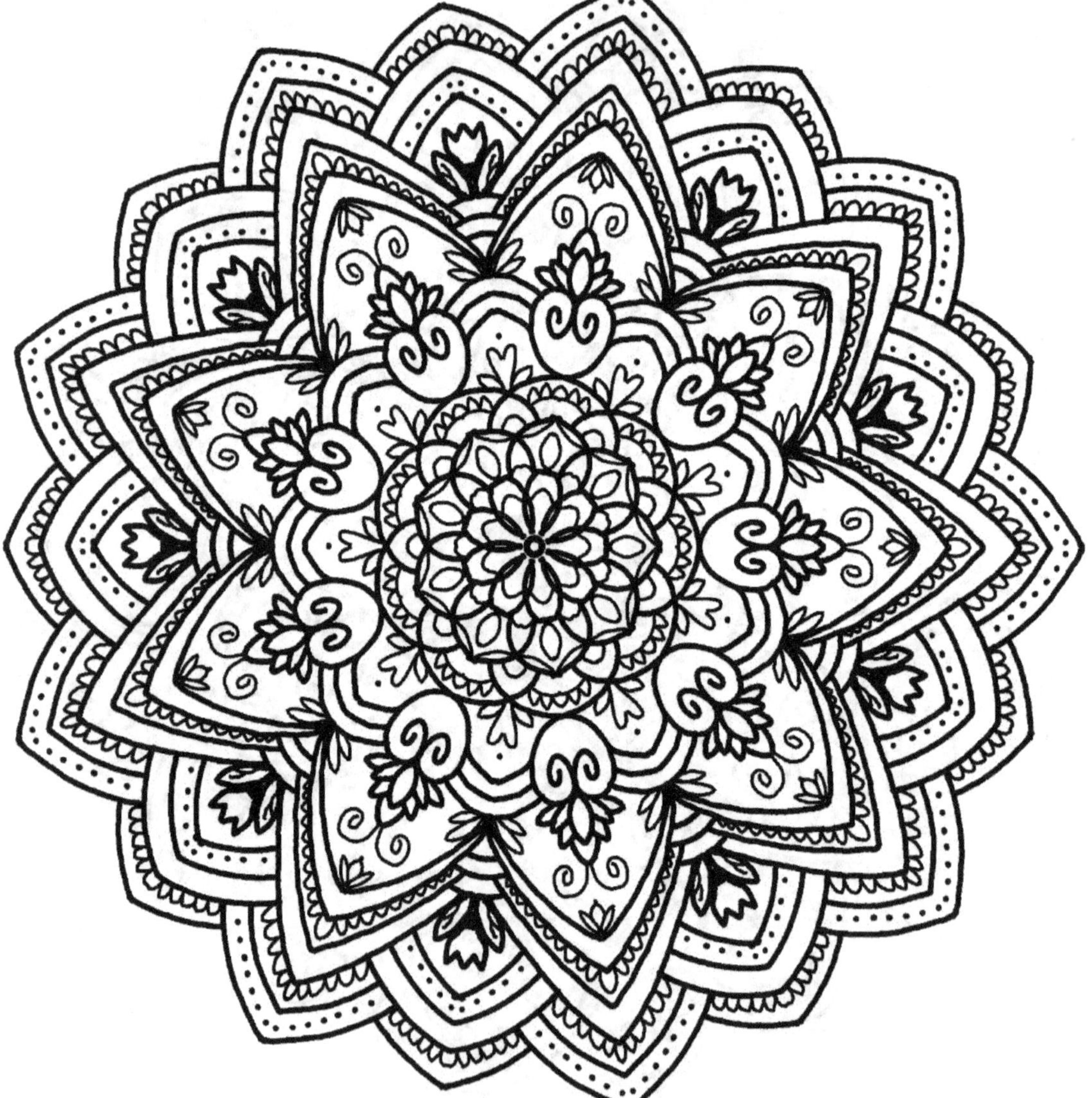

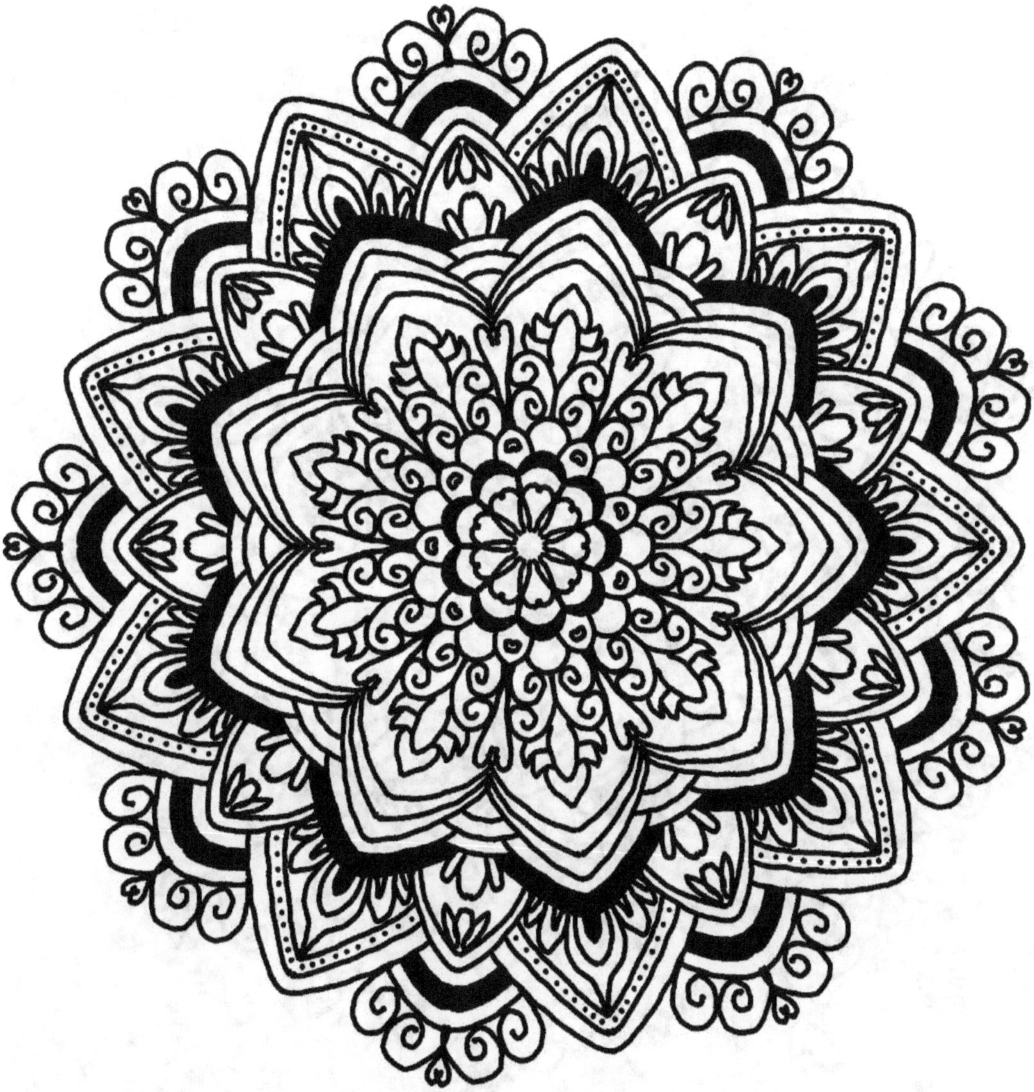

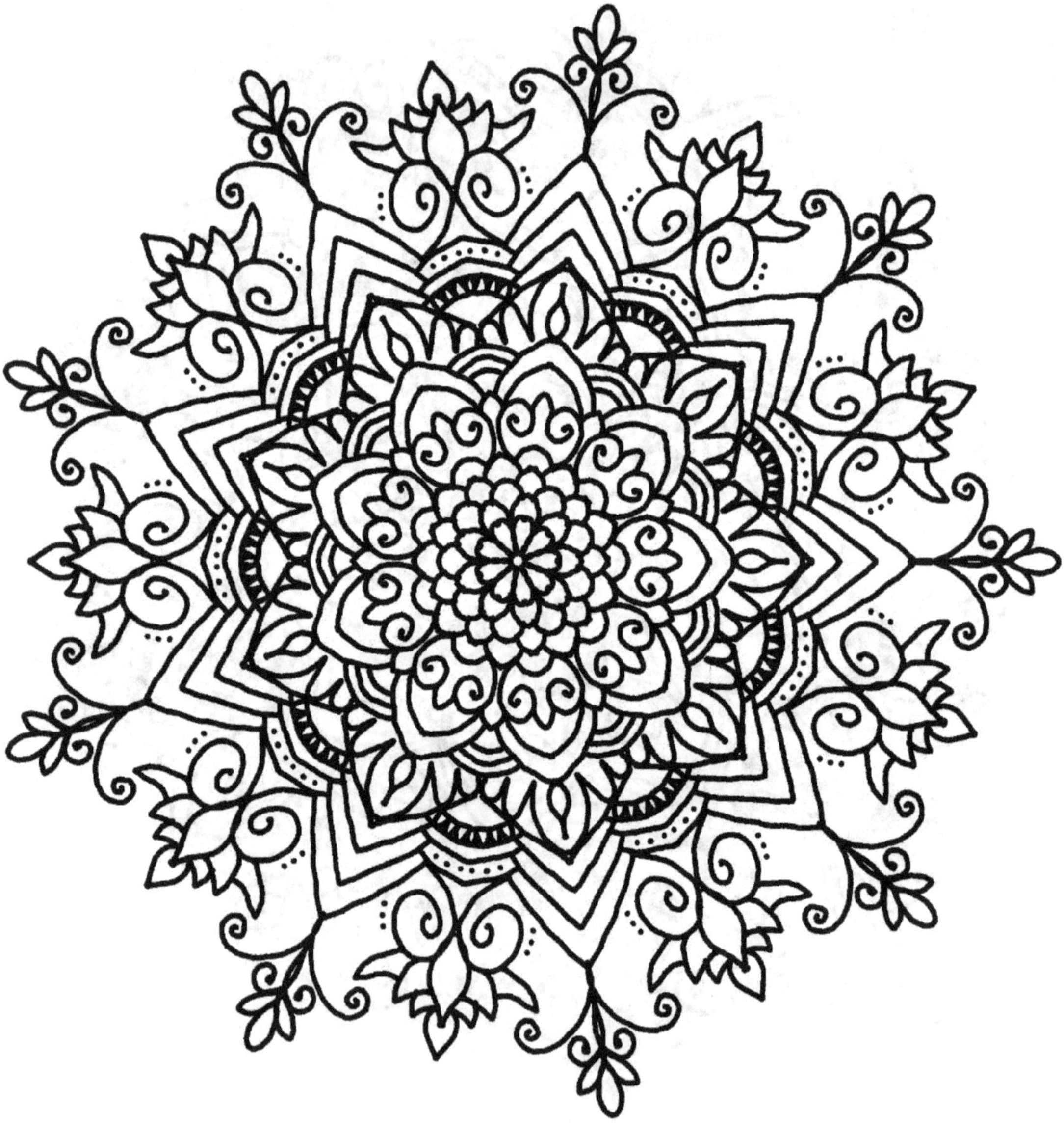

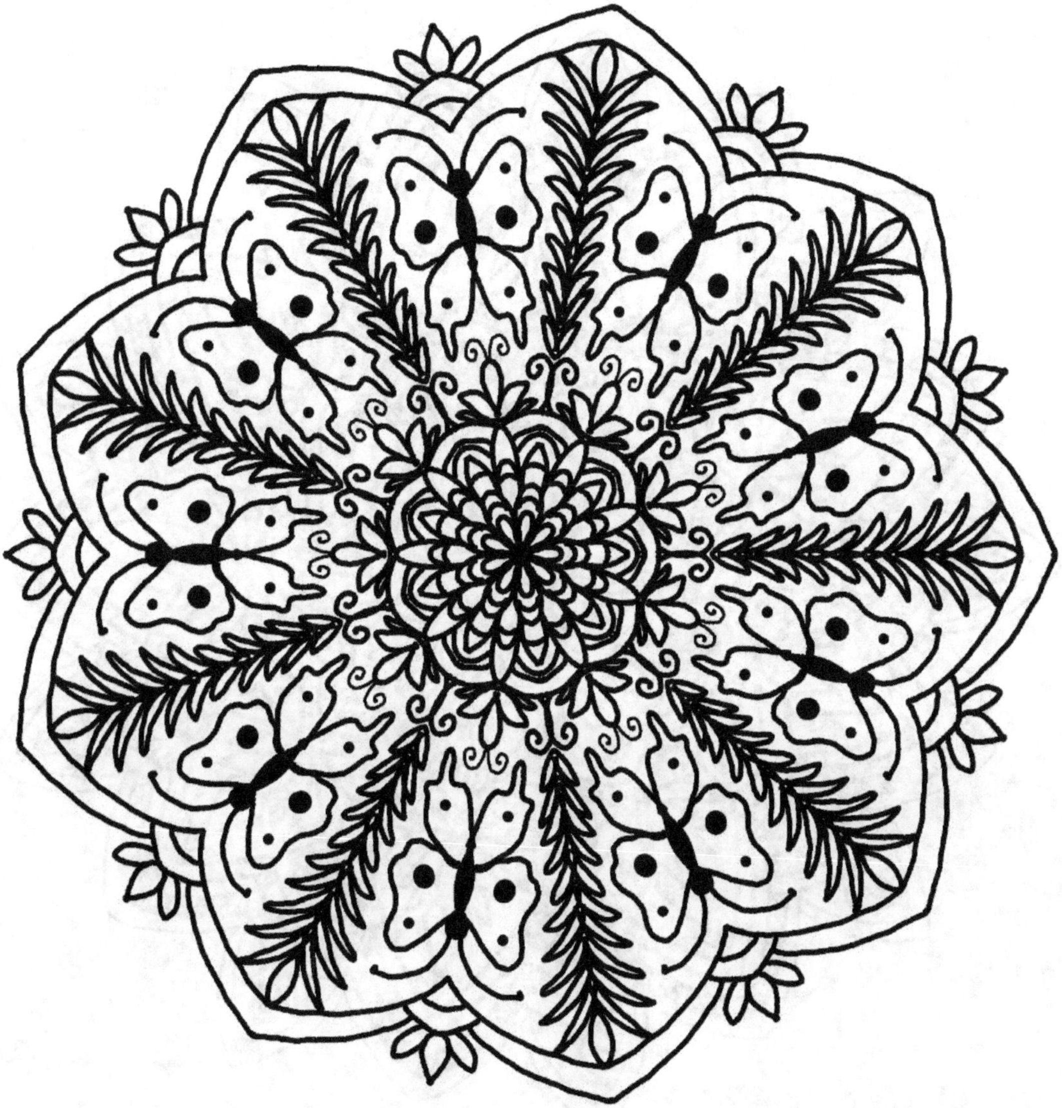

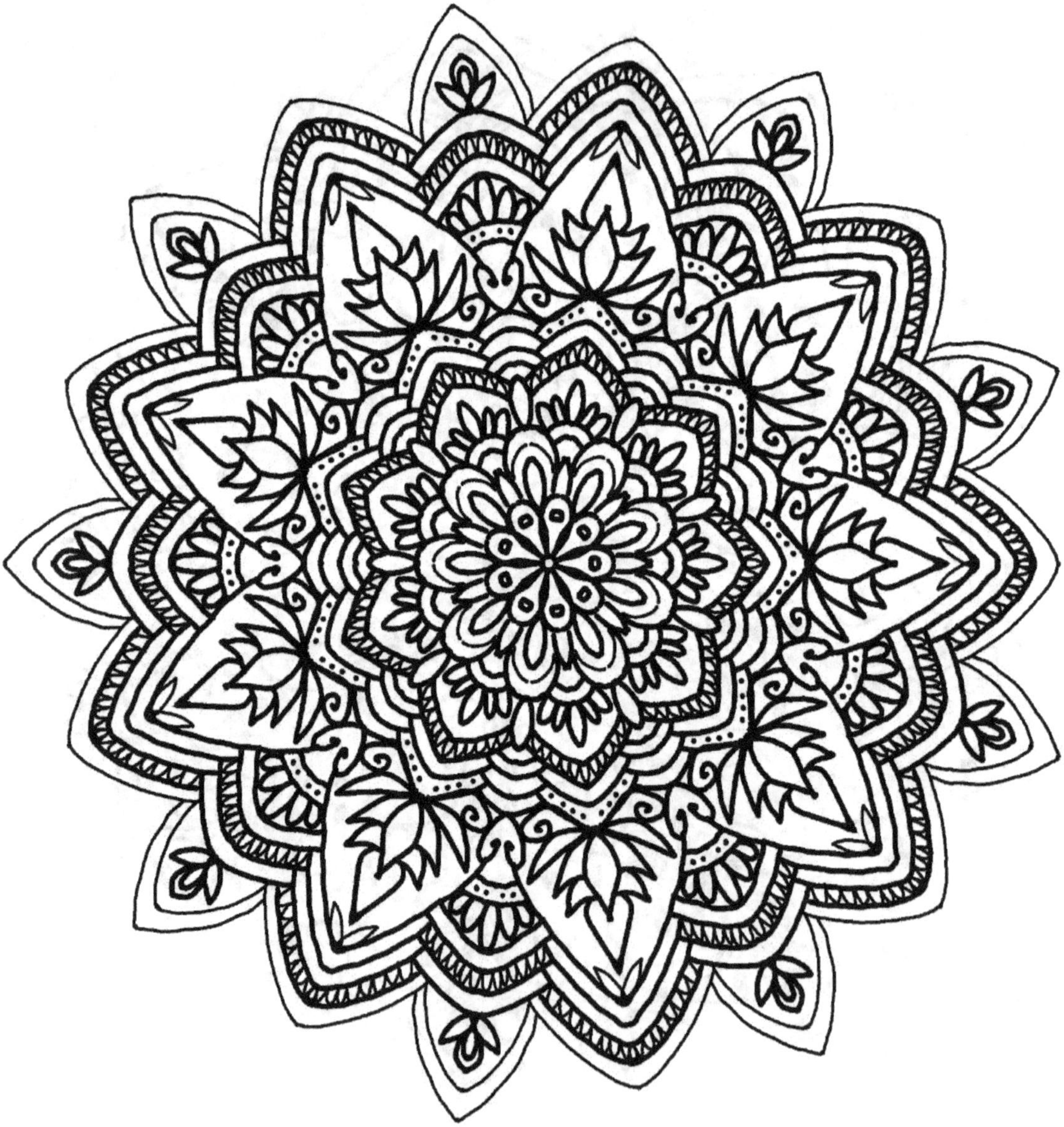

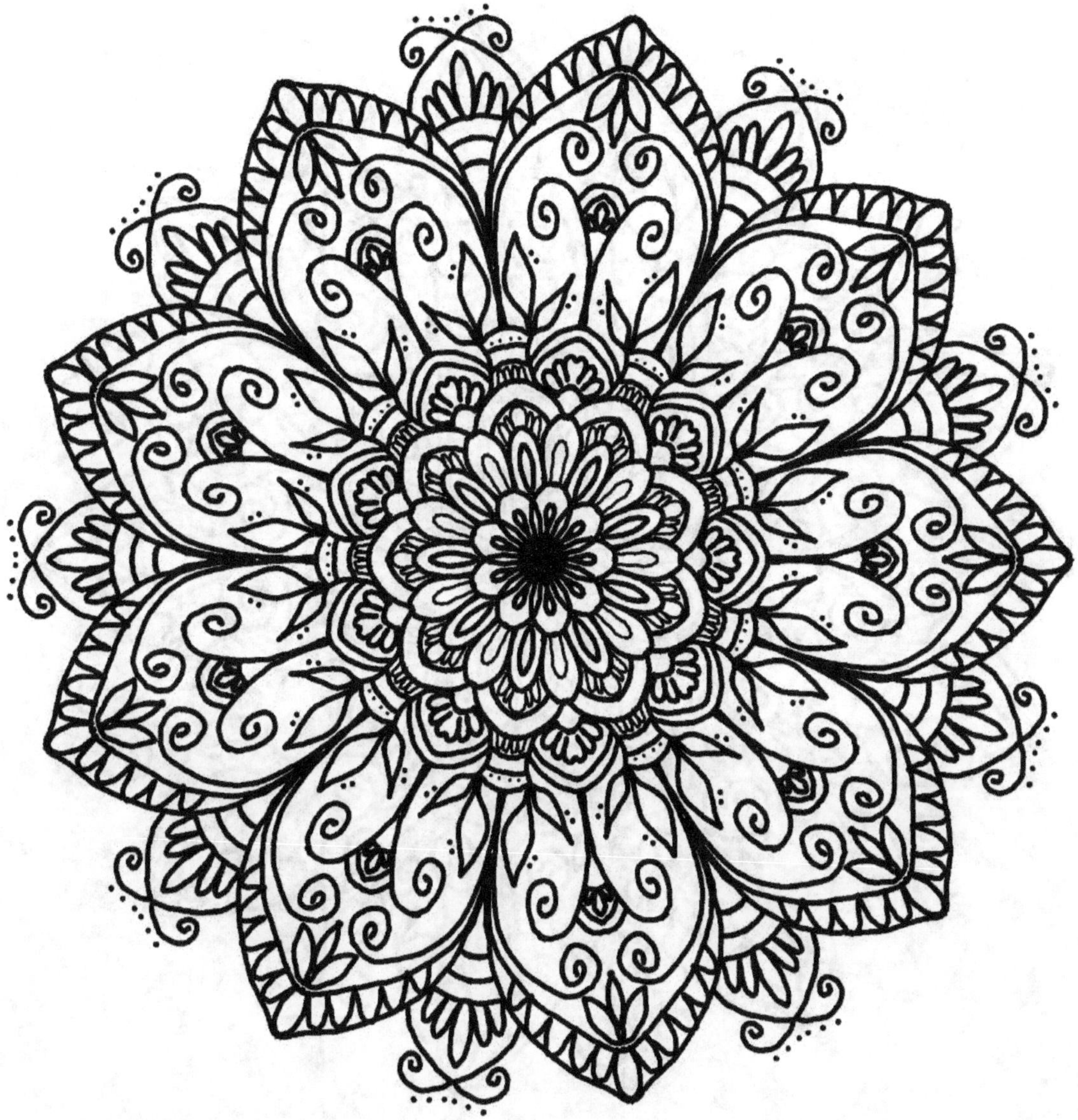

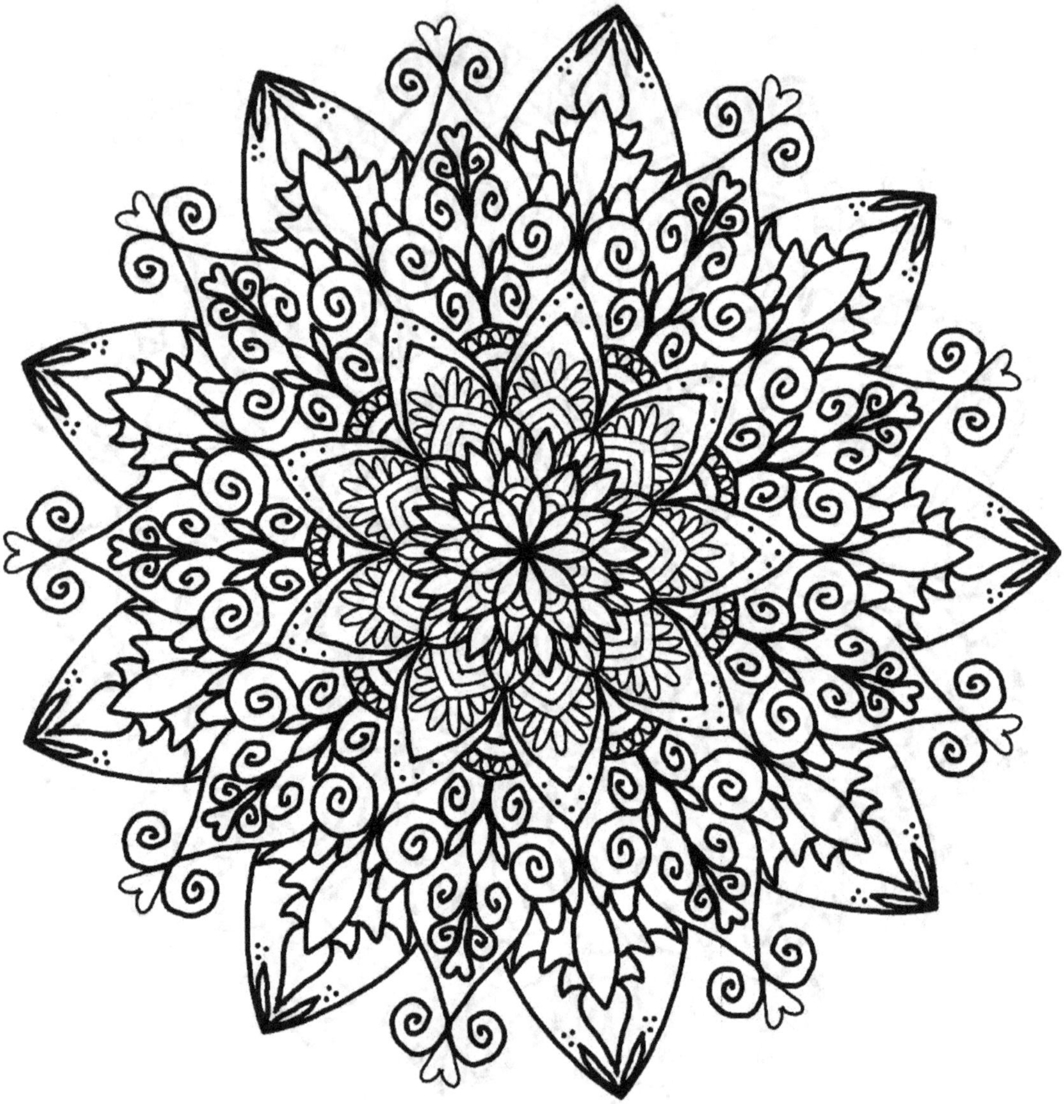

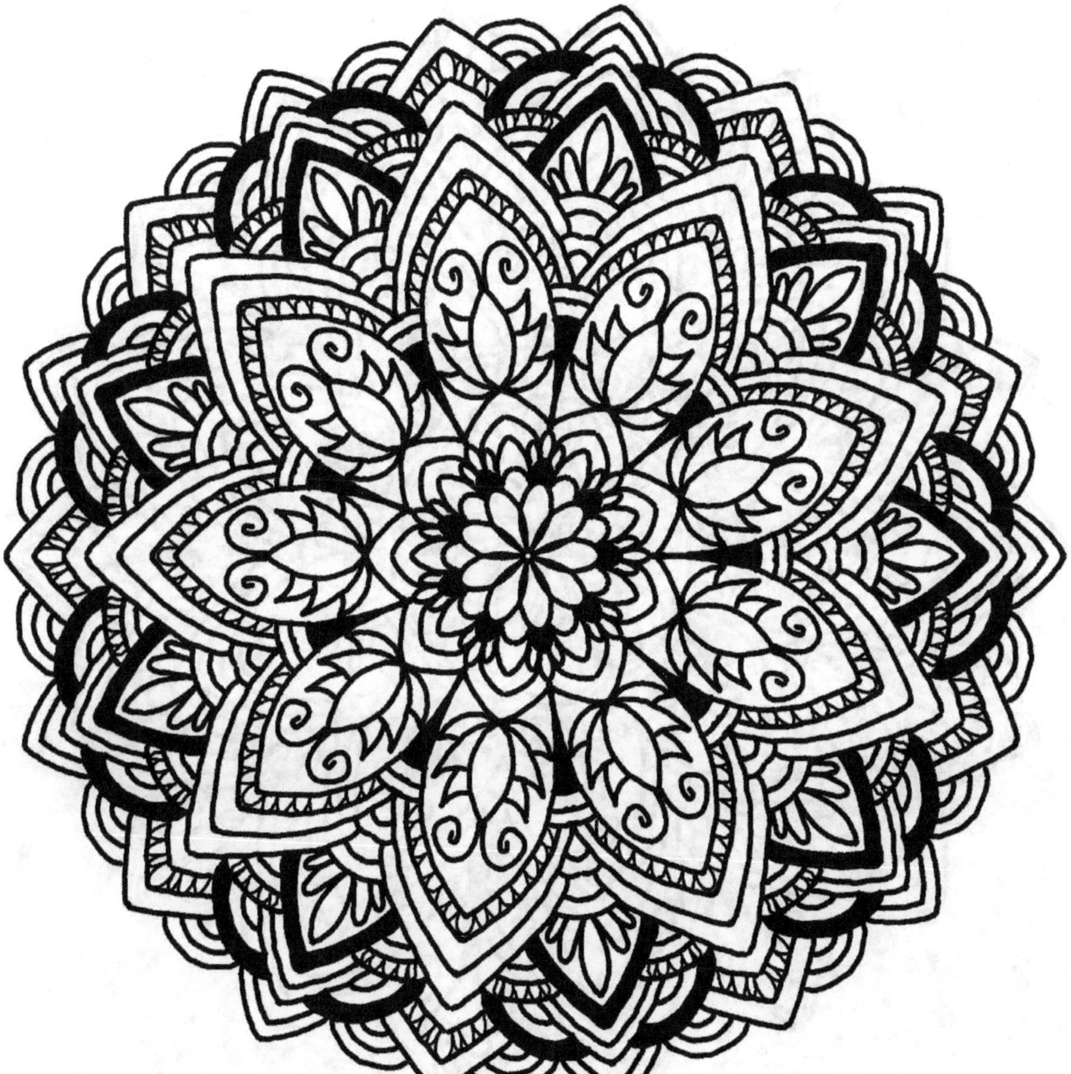

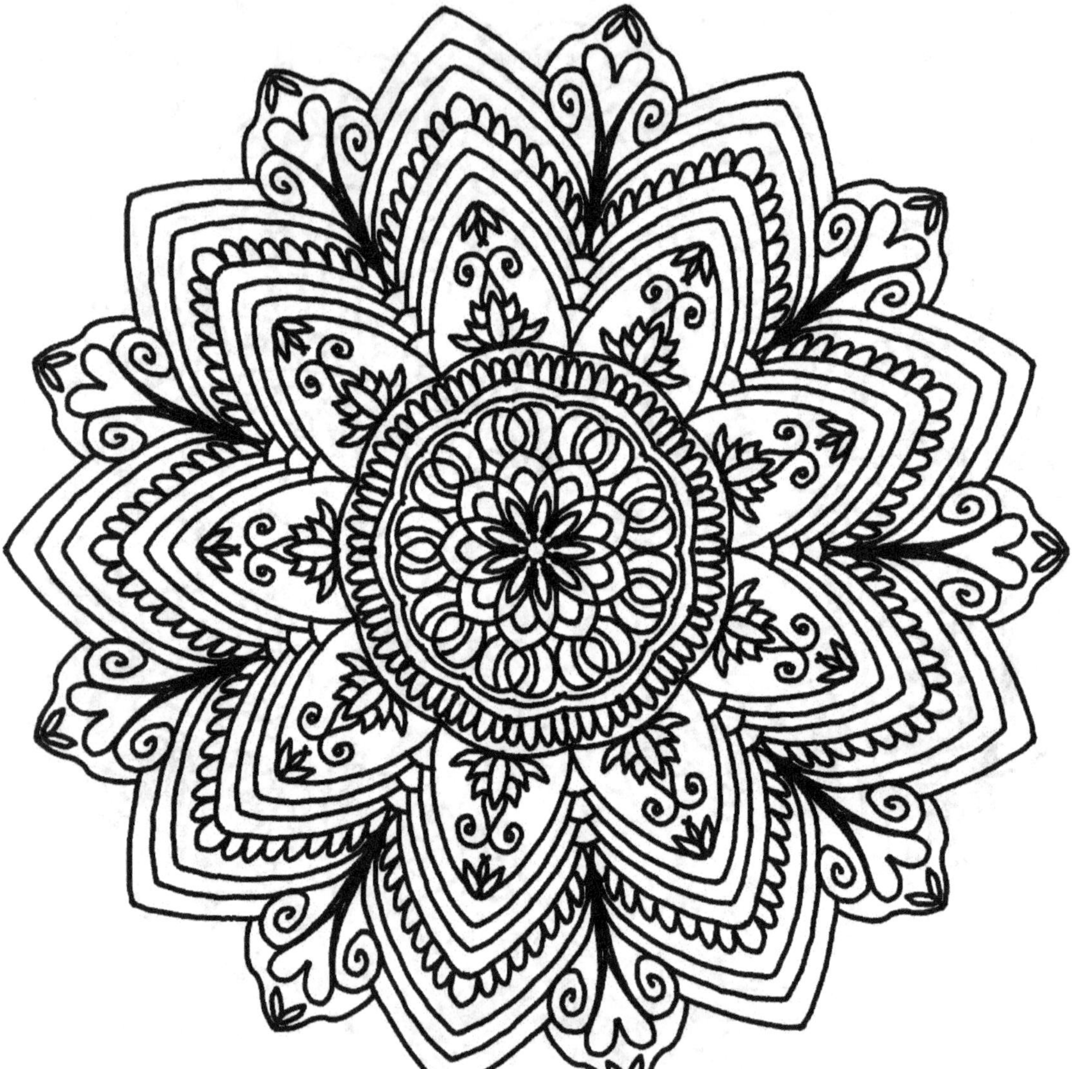

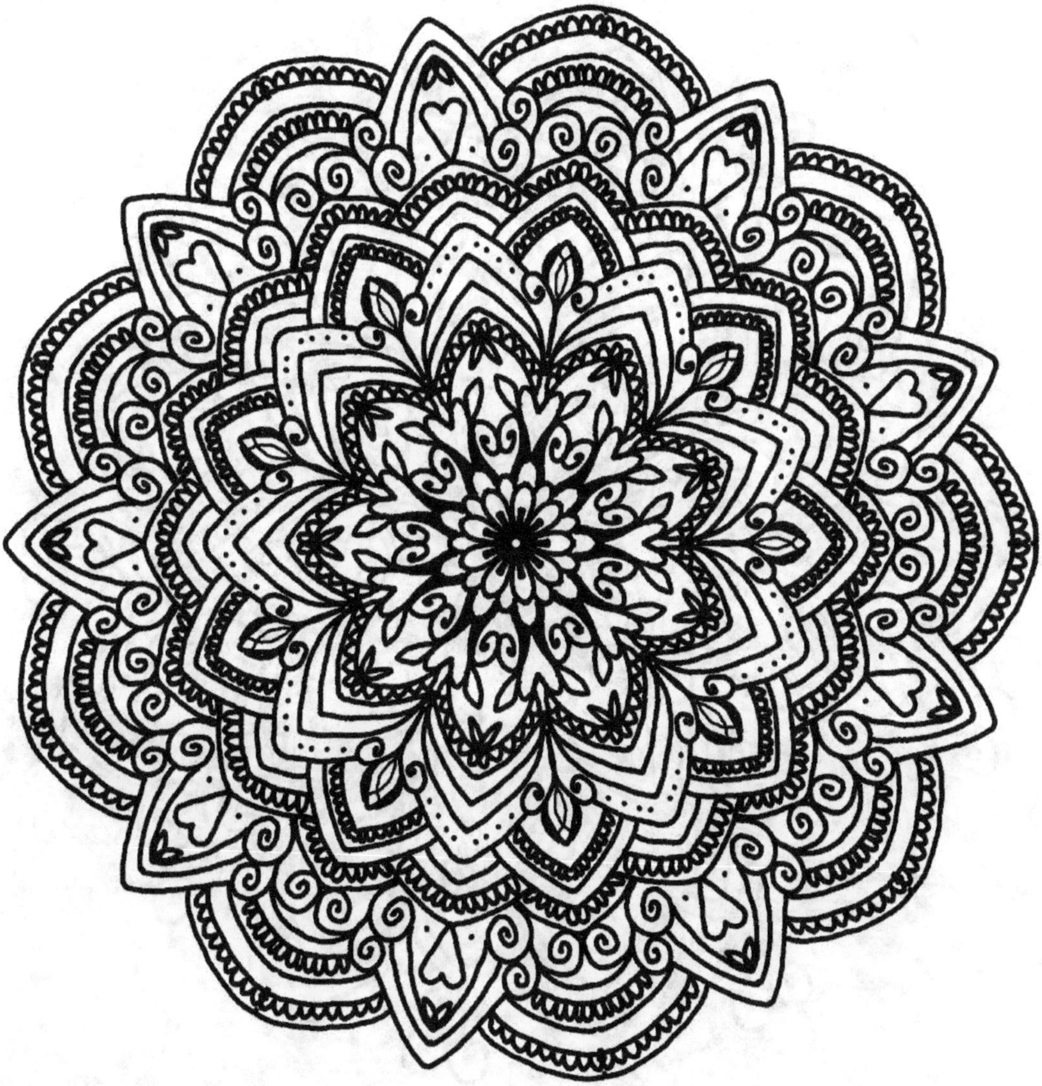

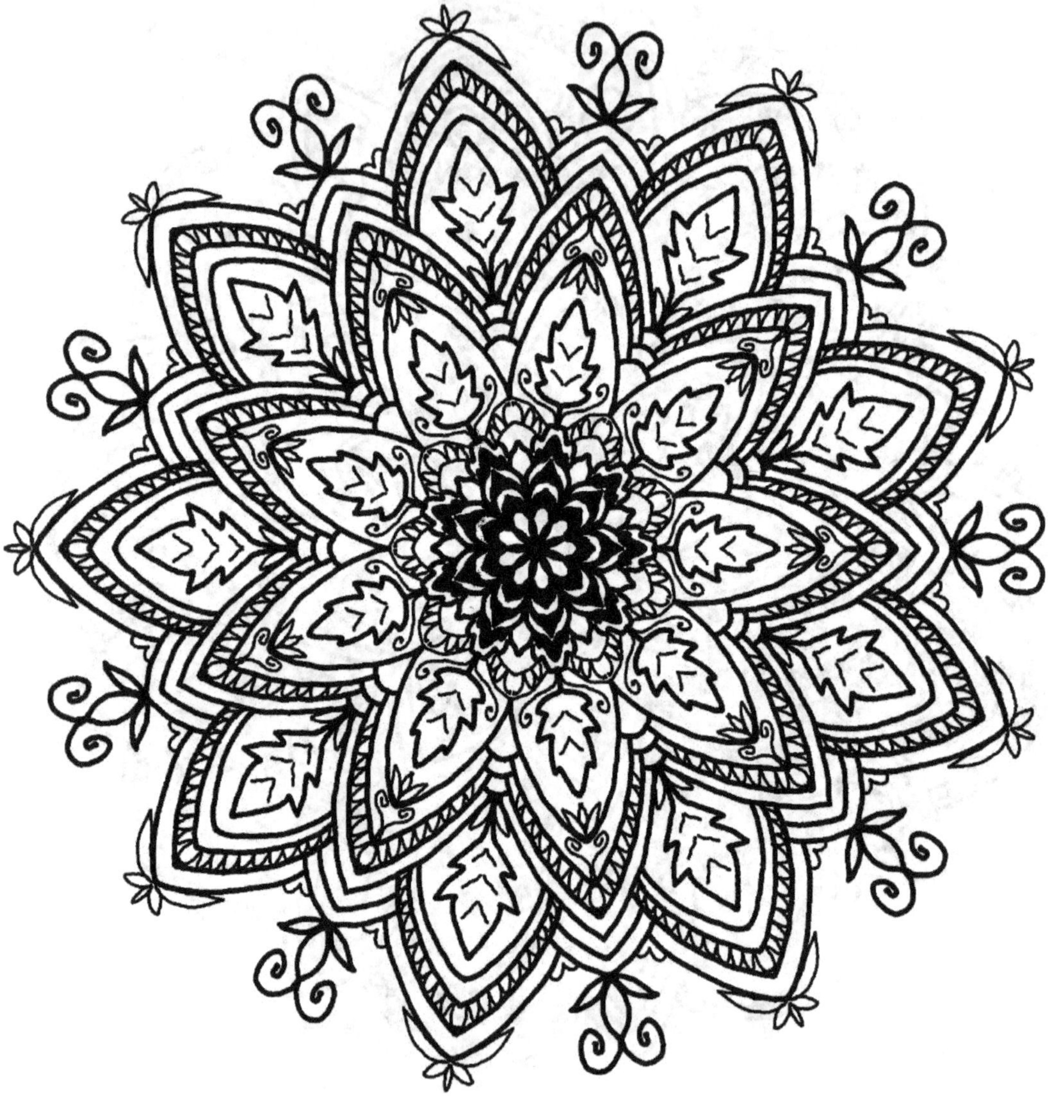

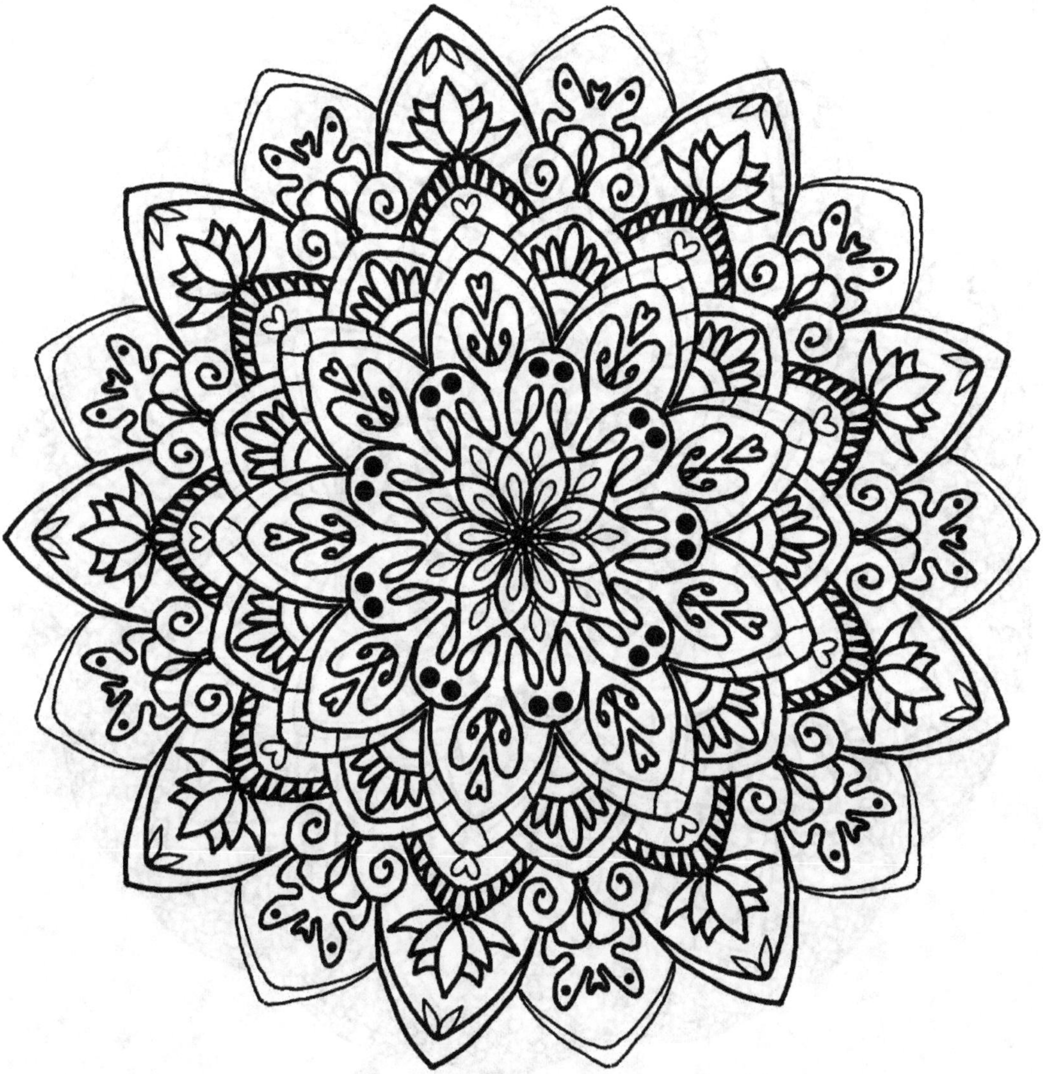

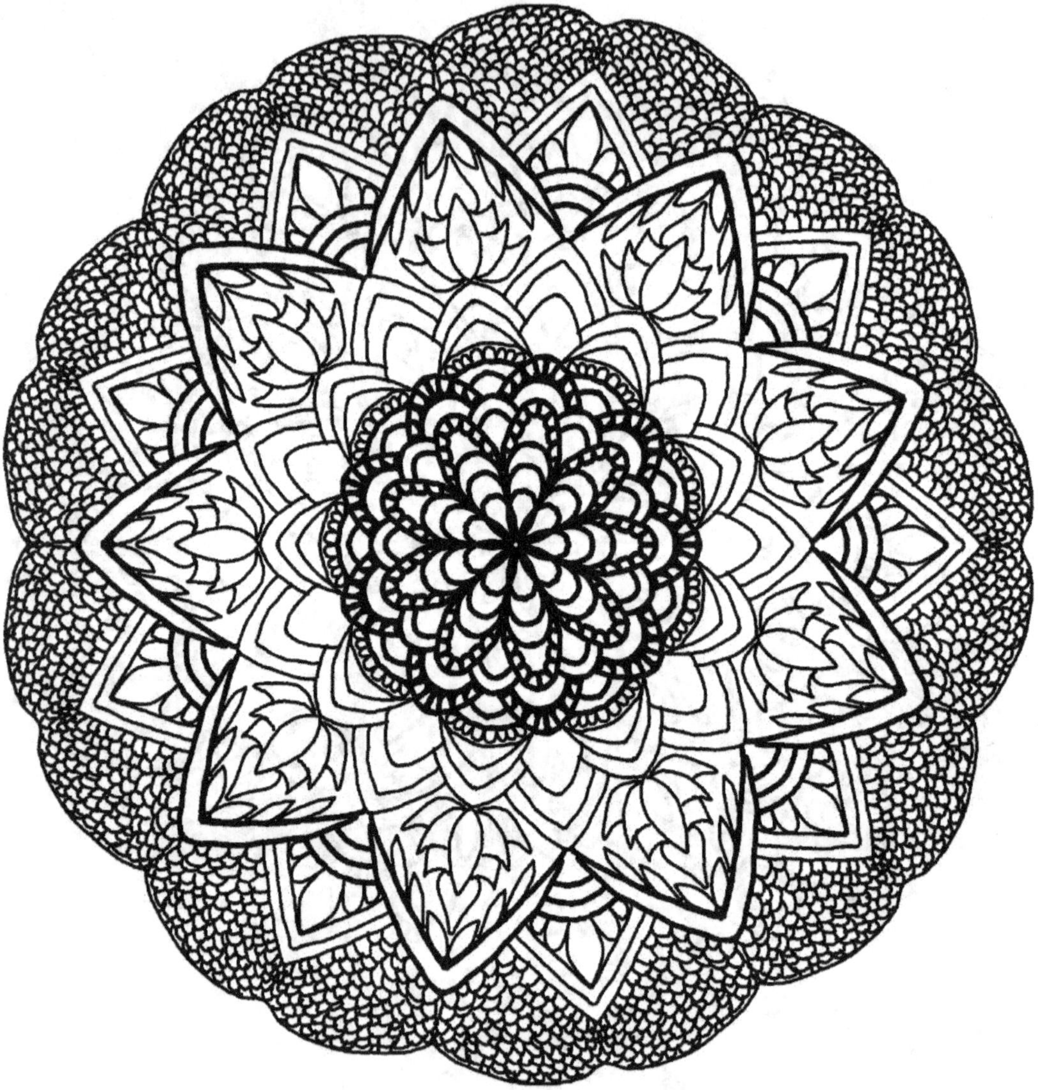

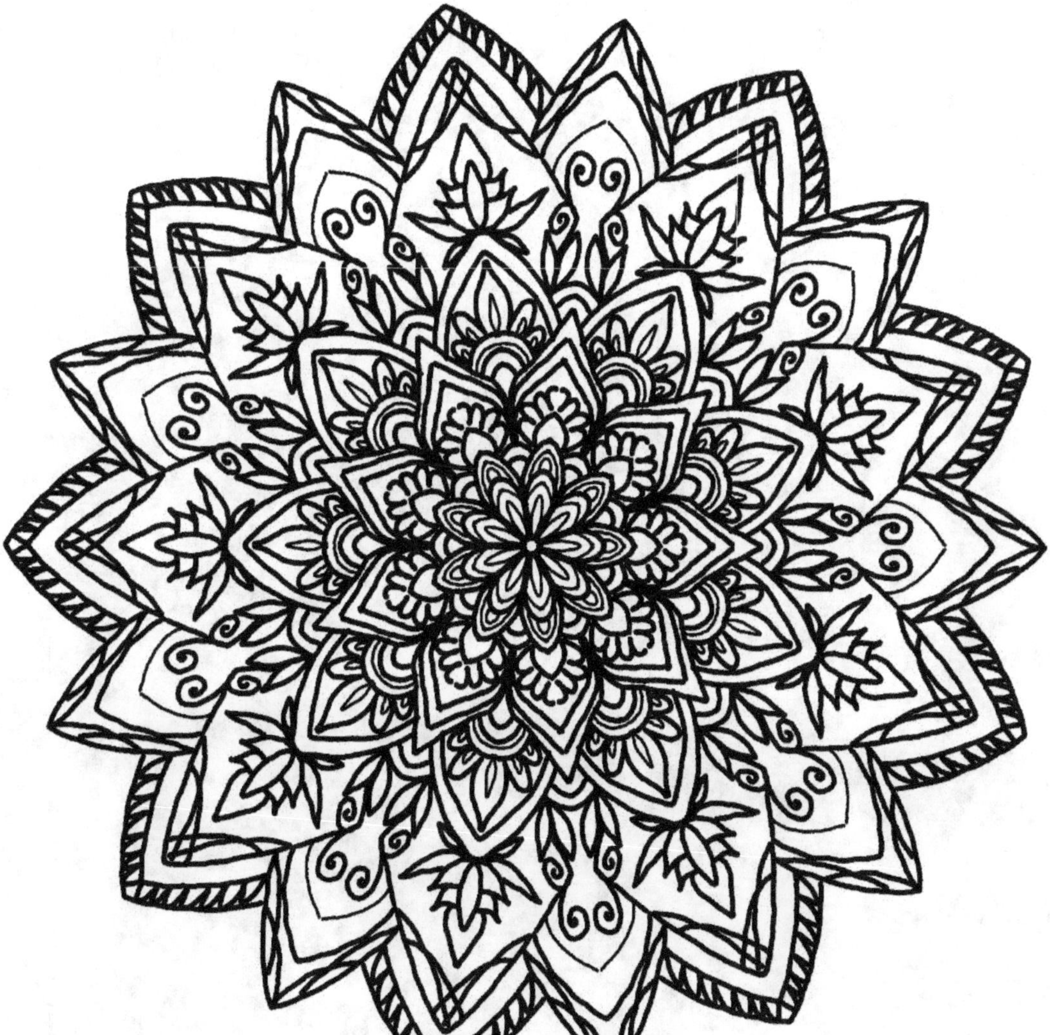

www.ingramcontent.com/pod-product-compliance
Lightning Source LLC
Chambersburg PA
CBHW081303180526
45170CB00007B/2548

* 9 7 8 1 5 3 9 7 3 8 3 7 4 *